八っつぁんの落語一代記

噺家の来た道、日本の来た道

柳家さん八・清水しゅーまい

彩流社

八っつぁんの落語一代記【目次】

はじめに

この本は、ある現役噺家を主人公に、落語界と日本の歴史を振り返ってみようという、そんなほぼノンフィクション的な内容の読み物になっています。

あの時代はこんなだったのかとか、あの頃わたしはこうだったとか、回想しながら読んでくださるとよりおもしろくなるかと思います。回想するものがない若い読者のかたは、ただひたすら気楽に読んでみてください。

個人的には、親孝行のつもりで書き進めました。みなさんも落語を好きになり、この物語と日本の歩みを楽しんでくだされば、たいへん幸せです。

噺家ワンポイント・ドキュメント(順不同)

名人

桂文楽(八代目)▼楷書の芸

古今亭志ん生(五代目)▼草書の芸

三羽烏

三遊亭歌笑▼珍顔。純情詩集。

柳亭痴楽▼破壊された顔の所有者。恋の山手線。

柳家小きん→柳家小さん（五代目）▼「真打ちはスタート」。噺家初の人間国宝。

四天王

春風亭柳朝（五代目）▼歯切れよく威勢いい江戸弁が魅力。小朝の師匠。

三遊亭圓楽（五代目）▼ガハハハと高笑い、長く「笑点」の司会者を務めた。

古今亭志ん朝（三代目）▼プリンス。父は志ん生、兄は馬生。

立川談志（五代目）▼破天荒、異端児。

幻の新落語協会決起の面々

ぬう生（三遊亭円丈）▼新作落語で名を馳せる

小よし（柳亭小燕枝）▼玉子焼きの名人

そう助（柳家さん八）▼本書の主人公

個性的な噺家の面々

三遊亭圓生（六代目）▼「真打ちはゴール」。人情噺の名人だが芸にも人にも厳しい。

林家三平（初代）▼タレント噺家の先駆け
林家正蔵（八代目）→林家彦六▼人情の噺家。人に優しいため厳格な圓生と衝突。

三遊亭好楽▼正蔵（彦六）の弟子。結婚記念に「二つ目」昇進を許可される空前絶後。

橘家圓蔵（七代目）▼弟子はおろか客にまで小言をいう「小言の圓蔵」

橘家圓蔵（八代目）▼月の家圓鏡。メガネがトレードマーク。マシンガントーク。

川柳川柳▼圓生の弟子だがパッパラパー。マラゲーニャ落語、ガーコン、ジャズ息子。

金原亭馬生（十代目）▼地味ながら誠実で人望篤い。父は志ん生、弟は志ん朝。

春風亭小朝▼志ん朝と並ぶ大記録、36人抜きで真打昇進。

林家こぶ平→林家正蔵（九代目）▼初代三平の長男。真打昇進試験廃止のキーマン。

三遊亭圓窓▼落語界のパソコン通。落語協会誌「ぞろぞろ」刊行に尽力。

三遊亭圓歌（三代目）▼国鉄駅員から噺家になり爆笑路線を邁進
鈴々舎馬風（十代目）▼落語協会誌「ぞろぞろ」編集人。会長時、助成金ショック勃発。

柳家小三治（十代目）▼落語通に評価が高い。フラ（独特の愛嬌）に定評。人間国宝。

柳家花緑▼五代目小さんの孫。「七代目小さん」になる（?）

(1)見合いで一席珍芸披露

その飲み会は実はお見合いだった。が、当の主役であるはずの清水潔《しみずきよし》は何も知らされていなかった。ごくふつうの飲み会だと思って店に向かっていた。仲人の大島おばさんはなぜお見合いだということを隠してたのか？　世話好きな人なのだが適当な性格で、隠してたわけでもなんでもなく、たぶん言い忘れたんだろう。ただ、前にもお見合いの話を持ち込んだ時に、潔が「まだ早いです」と断わったことがあった。それを考えに入れていたのかもしれない。潔は三十歳。当時としてはもう結婚すべき年齢ということになろうが、なにしろ堅物だ。女性と会話をしたことなど、自分の母親や親戚以外にほとんど経験が無い。その一方で、潔の酒好きは並々ならぬものがあった。そこで、大島おばさんは計画を練り、ただの飲み会と思わせといて、潔をまんまと連れ出したのかもしれない。だとしたら、その策は正しかった。ただでさえ酒の配給が減っていたのもあって潔は喜び勇んでやってきたのだ。飲み屋に入ってゆくと、奥の席に女が座っていた。潔はてっきり店の女将かと思った。白粉《おしろい》をベタベタ塗っていて、クッキリ目立つ口紅を塗り、おかめ大福とでも言えばいいか、まるで喜劇に出てきそうな珍妙な面相をしていた。それが潔と田口初江《たぐちはつえ》との出会いだった。

初江のほうではお見合いであることを知らされていた。事前に潔の写真を見せられた初江は、そのあまりの冴えない男振りに失望し思わず写真を取り落としたという。候補者は他にもう一人おり、そちらのほうがずっと男前であった。外見で決めたら、迷うこと無く男前を選んでいたはずだ。が、初江は今後の生活を考えた。ありていに言えば男達の職業だ。潔は職工で、男前は銀行員だった。

この時、昭和十八(一九四三)年。日本の戦況は日に日に苦しくなってきて、四月には連合艦隊司令長官の山本五十六海軍大将が戦死し、日本国全体の行く末に不吉な影がさしていた。こんな状況では、銀行など一気に倒産してしまいかねない。でも、職工ならば、腕に職があるのだからこの先どうなっても苦境を乗り越えてくれるのではないか……初江はそう予想した。潔を選んだ。その選択が正しかったのかどうかは、今に至っても分からない。あんまり正しくなかったかもしれない。ただ、少なくともこの二人がくっつかないことには、この話の主人公である聰吉《そうきち》は生まれてこなかった。のちに二代目柳家さん八という噺家(落語家)になる人物である。当人はそう大した噺家じゃないが、周囲には大したことのある噺家も登場するはずで、さん八こと聰吉も何かしらの役割を果たすかもしれない。しかしそれはまだしばらく先の話だ。まずは潔と初江の出会いから見てゆきたい。

仲人の大島おばさんは潔と初江にそれぞれ簡単な挨拶をさせると、「さぁ、あとは若い二人で……」とお決まりの台詞を言って去っていった。

潔は三十歳の職工で、母と弟がいる。初江は二十三歳、箱を作る箱屋の娘で、八人兄弟姉妹の長女だという。それ以外は、これから話してみないと何も分からない。潔はお見合いなんか初めてだし、こんな店の女将みたいな女と何を話したらいいのか皆目見当もつかなかった。そこで、黙って酒を飲んでいた。初江には潔の緊張など分からず、〈初めて会うのに、なんて無遠慮で酒好きな人なんだろう〉と呆れていた。

「お酒、好きなんですね」初江が言うと、潔は
「ええ、まぁ」と曖昧にうなずいた。

杯《さかずき》にはもう酒がない。潔は、初江が徳利から注いでくれるんじゃないかと思って待っていた。が、いくら待っても注いでくれない。八人兄弟姉妹の長女としてふだんデンと構えているため、気づかいがないのだ。しょうがなく潔は自分で注ぎ、また飲んだ。何も話すことがなく、気まずかった。が、ただで酒を飲めるのはありがたかった。一方の初江。こういう時は男のほうがどんどん喋るもんだと思っていたからこっちもやっぱり困惑していた。もう帰りたいぐらいだったけども、そうもいかないので、仕方なく訊いた。

「ご趣味は？」

潔は杯を口に運ぶ動作を止め、

「ご趣味？」とつぶやいて考え込んだ。

「仕事一筋ですんで、ご趣味といわれて何か答えられるほどの大層な風流人じゃありません。ですが、あえていえば落語を聴くのが好きです」

「落語……？」

初江の落語に対する印象は、お爺さんが何やら話しているなぁ……という程度でしかなかった。

それを聴くのが趣味だなんて、ずいぶん地味な男だと思った。

「寄席にお出かけになって聴くのですか?」

「ええ、時々ですがね。仕事が休みの日に、浅草の寄席や演芸場で聴くんです」

「このご時世に寄席がやっていけるのかしら?」

初江が思わずつぶやくと、潔は何をいうのかこの女は、という表情になった。

「こんなご時世だからこそ、笑いが求められてるんです。どこの寄席や演芸場も、けっこうな客入りですよ」

「のん気な人たちもいるのねぇ」

潔は自分のことをいわれたと感じ、思わず強い口調になった。

「いや、寄席だってお国のためになっているんです。時局に合わせていろんな新作落語も演じられています。その題名も『御国の為に』だとか『緊めろ銃後』『防空演習』『産めよふやせよ』『スパイ御用心』などです」

潔はまるで自分がお国のために役立ってるかのように誇らしげにいった。戦争遂行のために様々な国策落語がつくられている、そういう時代であった。初江はいった。

「落語もお国のためになってるなんて意外ですわ。落語なんててっきり熊さんだか八っつぁんだか遊び人の若旦那だとか、不真面目な人たちのおもしろおかしいお話なのかと思っていました」

潔は手酌で酒をあおりながら答えた。

「ええ、もちろん、そういうおもしろおかしいのが本来の落語ですよ。しかしね、さっきあなたもいったとおり、こういうご時世だから、遊郭やお妾が出てくる噺、不義好色な噺、不真面目な噺なんかは上演自粛してるんです。〈禁演落語〉といいましてね。五十いくつかの噺を指定して、浅草の寺に奉納したんですよ」

「奉納? 何を?」

「禁演落語をです!」

初江はわけが分からない様子で、口紅を塗りたくった唇をぽかんと開けている。潔は続けた。

「禁演落語に指定された噺の台本、扇子、手拭なんかを納めたんです」

その奉納がされたのは、大東亜戦争(太平洋戦争)の開戦を間近に控えた昭和十六(一九四一)年十月のことだった。

「いろんなことをご存知なんですねぇ」

初江は感心したというよりも、物好きな男もいるものだと呆れた様子でいった。が、すでにだいぶ酔っていた潔は誉められたとカン違いし、舞い上がってしまった。

「落語にもいろいろありましてね、明治から伝わる珍芸にこんなのがあります」

そういうと、潔は酒をあおって立ち上がり、自分が座っていた座布団を二つ折りにして抱えた。

「四代目 立川談志の珍芸、釜堀り、行きます!」

潔は真顔で一声叫ぶと、

「そろそろ始まる郭巨《かっきょ》の釜堀り、テケレッツノパァ！」

というやいなや、鍬で釜を掘り出す動作をした。

「アジャラカモクレン、キンチャンカーマル、席亭喜ぶ、テケレッツノパァ！」

初江は呆然として見つめていた。潔は続ける。

「初代三遊亭圓遊の珍芸、ステテコ踊り、行きます！」

威勢よく着物の裾をはしょって半股引《はんももひき》いわゆるステテコを見せつけ、

「ステテコ、ステテコ、ステテコテコテコ」

といって左右に行ったり来たりした。それから鼻を千切って投げるような身振りを交える。このステテコ踊りがきっかけで半股引をステテコと呼ぶようになったというのは初江はあとで知った。が、この時、潔のステテコ踊りを見ている時はわけが分からず、分からないなりにバカバカしくておもしろく、初江はつい笑ってしまった。

こうしてなんだかよく分からないうちにお見合いはお開きになった。潔はよほど飲み過ぎていたのだろう、テケレッツノパァもステテコ踊りも、実演したことを憶えていなかった。

二人が再会したのは、それからまもなく同じ飲み屋の二階にて。それはもう結婚式であった。ずいぶん雑な話のようだが、当時の見合い結婚とは、そんなもんだった。親、兄弟姉妹、友人と地元の人たちが数人集まって祝いの宴を楽しんだ。

新婚生活といっても特に華々しいことは何もなかった。「贅沢は敵だ」の時代である。「贅沢は素敵だ」という洒落をいってるような余裕すらなくなりつつあった。新婚旅行もなしである。新居を構えるなどというのも考えることもできず、潔とその母・美禰《みね》、そして初江の三人での新生活が始まった。

潔はよく働いた。東京の江戸川区平井の自宅から徒歩三十分ほどの場所にある田原製作所という会社まで毎日歩いて通い、水門の油圧機の製造部署で旋盤操作をしていた。なかなかの腕前だった。が、潔には大きな劣等感があった。体が小さく視力も低いせいで、徴兵検査で丙種《へいしゅ》とされたのだ。上から甲乙丙丁戊《こうおつへいていぼ》とあり、甲乙が即戦力、丙丁戊は徴兵免除となっていた。丙種は戦争に行かなくていいわけだが、潔としては欠陥品の烙印を捺されたような気がして、恥ずかしかった。潔は真面目な性格で、天皇をごく自然に尊敬していたし、お国のためにできることがあれば何でもやろうという気概があった。そのため、徴兵検査で丙種となったことで、恥じ入る気持ちが強かった。弟の秀次郎は体格が良く、甲種合格してすでに出征していただけに、なおさら潔は自分がふがいなく思えたのだ。

ところが、年が明けて昭和十九(一九四四)年五月のこと。一通の通知が来た。同月三日、秀次郎が北方の千島沖で戦死したというのである。軍事機密ということで詳細は不明だったが、輸送船に乗って千島列島のどこかに航行中、米軍の潜水艦による攻撃を受け、撃沈、死亡したという。母の美禰はくずおれた。潔は悲しむと同時に、自分が責められているような気がした。かろうじて涙を抑えつつ、玄関にしゃがみ込み、初江にいった。

「弟はおれの代わりに死んだんだ。おれが先に死ぬべきだった」

初江は秀次郎を写真でしか見たことがない。が、ちょうど同い年の二十四歳だったので、まだまだ若いし無念も強かろうと気の毒に思った。ただ、秀次郎は幸か不幸か未婚だった。初江はいった。

「秀次郎さんは思い残すことなくお国のために散って、これ以上の名誉はないですよ。悲しんでたら秀次郎さんに笑われます。それに、あんたには生きてもらわないと」

潔には妻・初江と実母・美禰を養っていく責任がある。それだけではない。初江は潔の手を取り、彼女のおなかにそっとおいた。

「この子のためにも……」

そう、初江は身籠っていた。潔は涙ぐみながら、妻のおなかをやさしくさすり、黙ってうなずいた。家を守り、日々働くことも、ひいてはお国のためになるのだ……潔はそう考え、何とか自分を奮い立たせた。

後日、潔は遺骨引き取りのために、わざわざ福島県まで一日がかりで出かけていった。桐の木でできた立派な遺骨箱を渡された。またまる一日かけて帰り、遺骨箱の中を見ると遺骨はなく、代わりに砂が入っていた。爆沈した船から遺骨を回収するのは無理だったのだろう。潔はその砂を手のひらからサラサラ落としながらつぶやいた。

「砂になったか、秀次郎。まさに海の藻屑だなぁ」

秀次郎は陸軍二等兵だったが、戦死によって二階級特進し上等兵となった。ただそれだけだった。

(2)のちの柳家さん八誕生

この昭和十九年はますます戦況が悪化する一途で、前年から頻繁に使われ出した玉砕という言葉が、引き続き流行語のようにしばしば話題になった。七月にはマリアナ諸島サイパン島の日本軍が玉砕。多くの民間人も犠牲となった。かつて真珠湾攻撃の機動部隊指揮官を務めて活躍した南雲忠一海軍中将らも自決。これを受け、威勢ばかりよく大東亜戦争開戦前からずっと続いていた東条英機の内閣も、ようやく総辞職となった。代わりに小磯国昭陸軍大将が組閣したものの、もはや形勢を逆転することは不可能に等しかった。

それでも潔はまだ日本の勝利を信じて疑ってなかった。神風が吹く……なんてのを信じるほど潔は非科学的な人間ではない。どうも今の戦況は良くないらしい。ただ、これだけ日本全国民が努力と倹約と研鑽を積んでいるのだから、いつかはきっといい戦果が出るに違いない。そうでなきゃ世の中、間違っている……と思っていた。

それにしても、腹が減る。工場で旋盤操作をしながら、潔は時々あまりの空腹から目まいに襲われた。これでは危険だ。しかし、食う物は無い。潔はやむをえず胃腸薬「わかもと」を食した。何とか空腹感を抑えることができ、意識もいくらか明朗になるような気がした。ボリボリ食っていると、同僚からいわれた。

「いくら腹減ったと言っても、わかもと食うのは体に悪いんじゃないか?」

潔は答えた。

「胃腸薬だぞ。体に良くても悪いはずがない」

翌日。潔は見ごとに腹をくだした。

「清水。酒とわかもとは飲み過ぎ注意だ」

同僚から笑われた。


戦時中にも喜びはある。十月三日、とうとう潔は父となった。妻の初江が息子を産んだのだ。予定よりも一カ月ほども前倒しの早産だった。初江の手を取り、

「よくやった、でかした、男だぞ!」

おとなしい潔にしては珍しく興奮し声を上ずらせた。

「息子、よく生まれてきた。そうだ、この子は戦死した秀次郎の生まれ変わりに違いない。息子、大人になったら、秀次郎の仇を取るんだぞ。なぁ、息子」

潔があんまり息子、息子とばかり連呼するので初江は訊いた。

「あんた、この子の名前は……」

潔はまったく考えてなかった。なにしろ、一カ月の早産である。まだ考える余裕があると思っていたのだ。潔は途惑ったが決断は速かった。

「早産で生まれ、吉事に恵まれるようにという願いを籠めて早吉。だが、それじゃあまりに工夫がないから、早の字を聰という字に変えよう」

潔はかたわらにあった広告紙の裏に鉛筆で「命名聰吉《そうきち》」と書いた。初江がつぶやいた。

「聰って字、難しいのねぇ」

「子供のうちにこれくらい難しい漢字を書けるようになれば、末は博士か大臣、大将だ。清水聰吉の誕生だ！」

それにしても、聰吉というのは、この時代にしても古風な響きの名前であった。役所に書類を出した時、「父が聰吉で息子が潔の間違いではないのか」と確認されたほどだった。だが、聰吉の名は縁起がいいはずだと潔は信じて疑わなかった。

そんなわけで十月の清水家は喜びに沸いていたが、同じ月の下旬、日本軍の連合艦隊はフィリピンのレイテ沖海戦で激戦を展開し、ついに神風特攻隊が出撃する事態になっていた。結果は惨敗。

(3) 爆撃を受けると腰が抜ける

詳しい戦況も知らずに、潔は空腹に耐え、家庭では聰吉をあやし、工場では労働に勤しんでいた。そして、レイテ敗戦からほぼ一カ月後の、十一月下旬のある日。午後二時過ぎだった。潔は旋盤を操りながら、空腹をまぎらわすために以前寄席で聴いた歌を歌っていた。

「粋な上等兵にゃ金がない～　かわいい～新兵さんにゃヒマがない～　あ、ナッチョーラ～ン、ナッチョーラ～ン」

それは柳家金語楼の「落語家の兵隊（靴磨き）」に出てくるナッチョランという歌であった。同僚が苦笑いした。

「なんだい、その歌ぁ。だいたい、そんなの憲兵に聞かれたら、しょっぴかれるぞ！」

笑い合っていると、突然、ドーン！　とすさまじい轟音が響き渡り、地鳴りがした。爆音とともに胃袋の底に震動が伝わってきた。どうしたのかと呆然としていると、工場の外から上役が走って来て叫んだ。

「空襲だ！　川向こうに爆弾が落とされたらしい」

慌てて工場から出ると荒川を挟んだ向こう側で煙が上がっている。江戸川区の中央方面、ここから四、五キロ先であろうか。そして、遥か上空の雲間に、海のほうへと飛び去る敵機の編隊が見えた。潔はその時は知らなかったが、それがあのボーイングB29であった。スーパーフォートレス、超空の要塞と呼称される米軍爆撃機である。東京は昭和十七（一九四二）年四月にも空襲を受けていたが、その時は少数のB25爆撃機が無理を押してようやくやってきたもので被害は軽微だった。当時、潔はニュースで聞いただけで、まぁ米軍も必死なんだからたまにゃそんなこともあるだろうと思った程度であった。それ以来、およそ二年半振りの空襲だ。今度は敵機の数が多い上に爆撃が強烈だったので、皆を驚愕させた。敵機は例のマリアナ諸島から飛んできたものだった。あとでウワサとして聞いたことだが、この時の本来の米軍爆撃目標は武蔵野にある中島飛行機工場で、江戸川区に落とした爆弾は余ったものをオマケとして捨てていったらしい。とんだオマケがあったものだ。

後日、潔はヒゲオヤジの消息を聞いた。ヒゲオヤジというのは、江戸川区の豪農で、そのすぐ近所に潔の友達が住んでいた。ヒゲオヤジは広大な畑を所有しており、その畑は子供たちの標的となっていた。しょっちゅう子供たちが侵入し、野菜を盗もうとしていたのだ。ヒゲオヤジは侵入した子供を捕らえると袋叩きにする。木刀で半殺しの目に遭わせることもあるという。歯が折れたり肋骨が折れたりした子供が続出したが、空腹には勝てなかったのだろう、子供たちは続々と侵入する。彼らを片っ端から捕らえ、ヒゲオヤジは容赦なく殴りつけ蹴りとばし「今度やったら叩ッ斬って畑の肥やしにしたるぞ」などと息巻いてからようやく釈放するのだという。

そのヒゲオヤジが、なんと、このたびの空襲の際、畑にいたところ真上を見て敵機を発見し腰を抜かし、あたふたしているうち爆弾が落ちてきて直撃は免れたもののその破片にぶち当たり死んでしまったのだ。死んだのはヒゲオヤジだけで、ヒゲオヤジは自分が畑の肥やしになってしまったわけだ。豪農で鳴らしていたヒゲオヤジの最期はあっけなかった。近所の子供たちは喜んでいるかもしれない。が、ヒゲオヤジはわれわれの身代わりになったようなものだ。潔は初江にいった。

「ヒゲオヤジは偉い。区民の注意を一身に引き付けて死んでいったんだ」

初江はうなずいた。

「そうね、ヒゲのオヤジさんにしても、子供たちに憎まれながら年を重ねるよりは、帝都爆死の先駆けとして華々しく散ることができて、不幸中の幸いだったでしょう……」

そうなのだ。少なくともヒゲオヤジには、死に様を見届け、それを見て彼の死を悼むか喜ぶかした人々がいた。ヒゲオヤジの死には、人間らしい感情の動きがあった。翌年三月十日の東京大空襲のような無情な死ではなかった。

潔はふと思い出して雑誌棚から一冊を取り出した。「国民総力」という雑誌の、今年（昭和十九）七月号だ。パラパラめくる。折り目が付いているページで止めた。以前これを読んで潔は大笑いしたのだ。そこには、こう書かれていた。

「総督府防衛総本部顧問　陸軍中将　菰田康一『空襲と防空　敵機は何を狙つて来るか』……十萬二十萬の爆死にも驚くな……爆撃を受けると必ず腰が抜けます。若し腰が抜けなかつたら死んでゐるのです。又腰が抜けないやうな爆撃をするのだつたら、アメリカは馬鹿です」

これを読んでバカはあんただ、と潔は思った。爆撃を受けると必ず腰が抜ける、もし腰が抜けなかったら死んでいる……噺家でさえ思いもつかない冗談だ。続きがある。

「そこで私は腰を抜かすなとは申しません。腰を抜かして宜い。だが抜けつ放しは困る。早くこれを取戻す訓練をやらなければならん」

爆笑した。大真面目に書いているらしいところが、大いに笑える。と同時に、陸軍中将ともあろう人がこんなことをいっていて、日本は大丈夫なのだろうか……と潔は初めて不安を覚えた。今まで玉砕に次ぐ玉砕の報道に接しても、いつかきっと日本は盛り返す、そう信じてきた。

しかし……あらためて潔は冒頭の部分を読み返した。

「十萬二十萬の爆死にも驚くな」

まさか、そんな恐ろしいことが起こりうるのだろうか…？　十万二十万の爆死。歴史上も聞いたことがない。だが、盛んに本土決戦が叫ばれる今、この冗談のような陸軍中将の記事の中で、

「十萬二十萬の爆死にも驚くな」

この一文が不吉な予言のように胸を騒がせた。

（4）東京大空襲

昭和二十（一九四五）年が来た。二月になって、潔は気になる情報を得た。千代田区の日比谷公園で「帝都上空撃墜敵機Ｂ29展覧会」が開かれているという。その題目の通り、日本軍が撃墜したＢ29を展示しているというのだ。潔は見たくてたまらなくなった。休日。初江と、まだ生後四カ月にしかならない聰吉も連れ、出かけることにした。初江はいった。

「きっと混んでいるでしょう、聰吉を連れてゆくのは大変よ。あんただけで行ってきなさいよ」

だが、潔は答えた。

「いや、おまえたちも行くんだ。最近、空襲が頻繁になってきているだろう。いつここいらにも攻めてくるか分からん。心構えをしとかにゃならん、それには敵を知ることだ。敵機がどんなもん

か間近に見ておくのは大事なことだ」

潔は初江を説得し、強引に連れ出した。展覧会場には人だかりができていた。想像していた以上の、ものすごい観客数だ。人をかき分けないと、とても前の方まで行くことはできない。が、そうまでする必要もなく、Ｂ29は傲然とそこにあり、遠くからでも見ることができた。その巨体は、日本人を圧倒した。こんなに大きいとは……機体は改修補強され、内部の計器類や搭乗員の配置までもが分かるようになっていた。初江がつぶやいた。

「アメリカはすごいもんを飛ばすのねぇ」

潔は黙ってうなずいた。先日の空襲では高々度を飛行していたため、あまりこの大きさが分からなかった。今まで抽象的に敵だと認識していたものを、こうして初めて眼前でまじまじ見ることができた。こんなものに、自分たちは立ち向かっていたのだ。潔は体が震えだすのを意識してとめなければならなかった。ふと見ると、巨大なＢ29の隣に、小振りの戦闘機がある。比較のために置いてあるらしい。日本の戦闘機だ。

「あれは〈飛燕〉だぞ。かっこいいなあ」

そばにいた少年がいった。もう一人の少年が応えた。

「でも、小さいなあ！」

「バカ、Ｂ29は爆撃機。飛燕は戦闘機だ。戦闘機のほうが小さいのは当たり前じゃないか」

確かにそうだった。飛燕は俊敏そうな機体で、格闘能力が高そうに見えた。実際、飛燕が交戦したのかどうかは分からないが、こうして日本軍はB29を落としてもいる。我軍は健闘しているのだろう。が……日本にB29に匹敵する爆撃機が製造できるだろうか？　無理なのではないだろうか。この禍々しいほどの巨体。そして、これがもっと大量に攻め込んできたとしたら。いや、これ以上、日本軍がそうたやすく侵入を許すはずがない。防空網を強化するはずだ……潔の心中で様々な思いが錯綜していた。それらの思いを呑みくだし、潔は初江にいった。

「聰吉によく見せておけ。これがにっくき敵機の成れの果てだ」

初江はうなずき、抱っこしている聰吉を高々と掲げた。聰吉はただ無邪気に笑顔を浮かべ、B29に向かって小さな手を伸ばしていた。

「帝都上空撃墜敵機B29展覧会」は大盛況だったが、まさかそれからわずか一カ月あまりでそのB29を嫌というほど見るハメになろうとは。三月十日は陸軍記念日だった。明治三十八（一九〇五）年のこの日、日本陸軍は奉天で世界戦史上にもまれに見る空前の大規模陸戦を展開、ロシア軍を打ち破り、日露戦争を勝利へと導いたのだ。奇遇にも潔の誕生日でもあった。潔は大正二（一九一三）年生まれなので、この三月十日で満三十二歳を迎えることとなる。とても忘れようのない誕生日となった。

前日の三月九日、夜十時半頃、敵機襲来の危険を伝える警戒警報が鳴った。サイレンが三分間、鳴り続ける。ヒゲオヤジが死んだあの空襲以来、警戒警報の発令が珍しくなかったので、東京の人々はさほどの動揺もなく冷静だった。ひとまず潔は部屋の電灯を消した。空襲の標的とならないための灯火管制である。そして、初江にいった。

「おれは警防団の詰め所に行ってくる。母さんと聰吉を頼んだぞ」

空襲に際し消防防護を行なう町内のみまわりに行かなければならなかったのだ。

「あんた、気をつけて！」

「どうせまたすぐ警報解除になるよ」

「でもあんた、陸軍記念日に合わせて攻めてくるって噂を聞いたわよ」

「記念日は明日だ！」

「そうだけど、もうすぐ日が替わるじゃない」

「そういえばそうだな。じゃあ、気をつけよう。お前も油断しないようにな」

潔は駆けだしていった。この日は風が妙に強く、身を切るような寒さだった。自宅から五分ばかりの警防団の詰め所に行って潔はバケツに消火用の水をくんだりして働いた。その間、ラジオが放送を続けていた。

「南方海上より、敵らしき数目標、本土に近接しつつあり。……目下、敵らしき不明目標は房総方面に向かって北上しつつあり」

その頃、二機のB29が東京上空を飛行していたのである。が、潔たちの所からは確認できなかっ

た。一時間ばかり経っても何も起こらず、

「今夜は空襲ないんじゃないか」

などとみんなで話し、あまりに暇になったので潔は防空壕の中で仲間と将棋を指し始めた。次第に将棋に熱中しだし、空襲の不安はどこかへ吹き飛んでいた。やがてラジオが言った。

「……敵第一目標は、南方洋上に退去しつつあり」

今夜の空襲は無しだ。詰め所に集まっていた人々は、三々五々、帰り始めた。潔と仲間は将棋に集中し、そのまま指し続けていた。のん気なものである。

いつの間にか、日付けは三月十日に替わっていた。その頃、自宅で待つ初江は、夜泣きを始めた聰吉をおんぶしてあやしているところだった。そのわきで、義母の美禰は仏壇を前に空襲回避の祈祷をしていた。

「南無妙法蓮華経、南無妙法蓮華経……、南無阿弥陀仏、南無阿弥陀仏……、おんあぼきゃ〜べ〜ろしゃの〜まかぼだら〜まに、はんどまじんばらはらばりたやうん、ぎゃーていぎゃーてい、はーらーぎゃーてい」

美禰は警戒警報が鳴ると空襲回避の祈りを捧げるのがこのところの習慣になっていた。その宗旨のわけが分からない祈祷の文句を聞いていると、聰吉がおびえ、より泣き声を高くするので、初江は困った。

「お義母さん、さっきラジオで聴いたでしょう。敵はいなくなったようですよ」

そういっても、美禰は祈りをやめなかった。潔が帰ってくるまで続ける気かもしれない。

「あんた、早く帰ってきてちょうだいよ」

まさに祈るような気持ちで初江は障子戸のすき間から夜空を見上げた。その時、不思議なことに、初江の目には夜空がほんのり明るく見えた。青みがかかって輝いて見えた。初江は、まるで海の底から海面を見上げているような気持ちになったという。海面には、無数の魚影が見えた。銀色に光る鱗が見えた。なぜそんなふうに見えたのか、今でもよく分からない。もしかしたら、照明弾が落とされていて、その光の加減でそう見えたのかもしれない。あるいは、ただ初江の不安と恐怖がそう印象的に夜空に反映されただけなのかもしれない。まもなく、遠くの町の方で、火柱が上がるのが見えた。気づくと、ごぉんごぉんと唸るような重低音が聞こえてきた。敵機だ。初江はその状景が信じられなかった。先月、日比谷公園で見たばかりのB29、あの巨大な機体が、十数機もまとまって飛んでいた。あとで分かったことだが、全部で三百機を超えるB29が侵入してきたという。あっけにとられ身動きできずにいると、遠くの空に花火のような閃光がきらめいた。いつの間にやら聰吉が泣きやみ、目をまん丸にして光の方向を眺めている。見とれている。そんな光を見るのは、聰吉はもちろん、初江も初めてだった。それは、焼夷弾が空中で分裂する時の輝きだった。美しい光景だった。が、そう思っているうちに敵機の轟音が近づいてきて、にわかにザザーッと豪雨が降るような音が聞こえてきた。焼夷弾が落下してくる音だった。爆弾のような爆音はせず、数軒先の家の中に静かに吸い込まれていったかと思うと、炎が立ち上がった。それまで初江は呆然としていたが、ようやく状況を悟り、義母に向かって叫んだ。

「お義母さん、空襲ですよ！　防空壕に行きましょう」

見ると、美禰は押し入れに頭を突っ込み、声も高らかに祈り続けていた。

「南無妙法蓮華経、南無妙法蓮華経……、南無阿弥陀仏、南無阿弥陀仏……、おんあぼきゃ〜べ〜ろしゃの〜まかぼだら〜まに、はんどまじんばらはらばりたやうん、ぎゃーてい、ぎゃーてい、はーらーぎゃーてい」

「お義母さん、お祈りしてる場合じゃありません、早く防空壕へ」

初江は美禰を引っ張り出そうとしたが出てこない。突然、ボッと鋭い音がした。隣の部屋の天井に大穴が開き、床に焼夷弾が突き刺さっていた。部屋のあちこちで火の手が上がり始めた。火の爆ぜる音が聞こえる。焼夷弾の火力は強烈で、火の手が回るのも速かった。初江はくんでおいたバケツの水をかけたが、とても消せるものではなかった。すぐに一面が火に包まれ、熱風のせいで顔や手に痛みが走るほどになった。

「おい、何をやってるんだ、まだいたのか、速く逃げるんだ！」

そう叫んで飛び込んできたのは、潔だった。警防団の詰め所に数人とともに残っていた潔であったが、あまりの空襲の激しさに皆消火を断念し、解散したのだ。突っ走って帰ってくると、最初に自宅わきの防空壕をのぞいたが誰もいないのでまさかとは思ったが、炎が上がる室内に土足で上がってきたのだった。

「ねぇあんた、お義母さんが出てきてくれないのよ」

潔は母の祈祷の声を聞いて怒鳴った。

「おい、母さん、そんな場合じゃない！」

潔は押し入れの中の母をむりやり引っ張り出し、おぶった。ちゃぶ台の上でラジオが金切り声を上げていた。

「関東地区、関東地区。空襲警報。東部軍管区司令部より関東地区に空襲警報が発令されました。東部軍管区情報。敵はいずれも高度低く連続侵入を企図しあり。官民共同の防空態勢の強化を利する。情報終わり、以上」

潔は母を背負い、初江と聴吉を連れ、外に出た。ご近所の家々がことごとく炎を上げている。もはや自宅の防空壕に入って助かる程度の火事ではないと思い、何とか炎を避けて走りだした。冷え込みの厳しい深夜、強い風が吹いていた。その風に煽られ、火がかなり回り、赤々と夜の闇を照らし出していた。上空を不吉な音のつらなりが覆っていた。敵機B29が掻き立てる不協和音のさざなみ。ゴォオーン、と長く唸り続けている。見上げると、今までになく超低空で飛行している。空が敵機に満ちている。敵機の轟音を打ち消そうとするかのように向こうで消防車がサイレンを鳴らし必死の消火活動を行なっている。が、この火の勢いはそうたやすく鎮まるとは思えない。そして、なんということか、消防車に焼夷弾が命中した。消防士も火炎の渦に巻き込まれてしまった。路上に焼夷弾がドスドスと音を立てて突き刺さった。まるで花が開く瞬間を見ているようで、焼夷弾が地面に突き立ち、その周囲に花弁が開くようにして炎が立ち上がっていく。いくつもの深紅の花々が開花していく。不意に潔は聰吉があまりに静かなのに気づいて、初江におぶわれている息子の顔をのぞいた。聰吉は目を見開き、焼夷弾が花開くのを見つめていた。こんな惨状に巻き込まれて泣きそうなものだが、聰吉は黙って見つめていた。そうこうしているうち、あたり一面が劫火に呑まれてゆき、こちらにも火の粉が降りかかってくる。向かいのタバコ屋から平井駅まで続いているはずの商店街がもうすでに炎の波に呑み尽くされていた。燃え崩れた家屋の柱の下、何かが下敷きになっているのが見えた。どうやら人の体のようだ。腕の部分が燃えて赤黒く炭のようになり、腹の皮膚と脂肪がぶすぶすとくすぶっている。家も人も燃えてゆく、もはやこの猛火を押しとどめることは不可能だ。逃げ込める防空壕はないかと目を走らせたが、たまたま通りかかった防空壕を見ると、焼けた電柱が倒れかかって丸焼けになっていた。ヘタに逃げ込んだら蒸し焼きになるところだ。これは防空壕よりどこか別の広い空き地にでも逃げたほうがいい。突っ走っているうち、何かですべって転びそうになった。見ると、焼死体だ。焼けただれた背中を踏んですべってしまったのだ。全身が黒コゲているのに潔が踏みつけたところだけ皮膚がむけてピンクの肉が見えている。湯気が立っている。肉の焼けるにおいに潔は吐き気を催したが、ぐっと我慢し、初江の手をとってまた走りだした。

ずっと走ってゆくと、爆撃と炎から逃れようとする大勢の老若男女であふれ返っているのが見えた。防空頭巾や鉄かぶとをかぶった人々が空き地へ向かって逃げてゆく。目の前を逃げていく女性、彼女に背負われた赤ちゃんが頭からひどい出血をしている。赤ちゃんの小さく見開かれた瞳にすでに光は無い。死んでいるのだ。母親は気づいているのかいないのか、死んだ赤ちゃんを背負って必死に逃げていく。潔はまた聴吉が気になり、初江の背を見た。息子はこの時も黙って大目を開き、炎に包まれる街を見つめていた。

――この子は豪胆だ、強い子に育ちそうだ。

潔は我が子に励まされる思いがした。火の手を逃れるつもりで旧中川沿いの空き地にやってきたが、ひどい状況だった。避難してきた街の人々でぎゅうぎゅうだ。何百人いるのか、身動きもままならない。息苦しい、ただ人が多いからというだけでなく、空き地の向こうの火の勢いが見た目以上に激しいのだ。すさまじい輻射熱《ふくしゃねつ》だ。顔が、手が、燃えるように熱い、煙の勢いもかなりのもので首を絞めつけられているような息苦しさだ。ずっと向こうで、男の防空頭巾に火がつくのが見えた。その回りの人達の髪の毛や衣服にも火がついていく、まるで並んだろうそくに火をつけていくかのように次々と何人もの人々の頭髪が燃えてゆく。川に数人が飛び込んだ。あまりの熱さ息苦しさに耐えられなくなったのだろう。三月の水の冷たさはそうとうこたえると思われるが、このとてつもない熱風の吹きさらしに耐えているよりはまだいいと思ったに違いない。また誰かが飛び込んだ。堰を切ったように次々と飛び込んでいく。しかし、川に飛び込んだたくさんの人々が溺れているようだ。無数の手が、無数の目と口が、こちらに向かって助けを求めているが、応じる余裕は無かった。今日のもともとの強風に加えて恐らくは大火災による乱気流の影響もあるのだろう、熱風が吹き荒れている。潔は必死に駆け、少し標高の高い地点、街が見下ろせる場所にきた。街が、赤々と光を放っていた。灯火管制による闇夜に慣れた目には、美しいとさえ思えるほどだった。街が、天に届けと言わんばかりに赤い炎を立ち昇らせていた。ひとつひとつの光点が意思をもったかのように、幾千もの炎の揺らめきが、夜を切り裂いていた。炎の輝き、あの輝かしい光と熱がすべてを呑み込んでゆく。

一夜のうちに八万人以上、あるいは十万人ともいわれる命が燃え尽きた。

八月十五日、玉音放送。

「……堪え難きを堪え、忍び難きを忍び、もって万世のために太平を開かんと欲す……」

日本は、負けた。潔は泣いた。目の前が真っ暗になるのを感じた。今までの努力がすべて否定され、無に帰するように思えた。

が、空襲が止み、占領軍の進駐が穏やかに進んでいるのを見聞きするうちに、潔の心は落ち着いてきた。母の美禰、妻の初江、息子の聰吉、みんなであの大空襲を乗り切ったのだ。これからも何とか生きていけるだろう。

(5)禁演落語の解禁

敗戦後の生活が始まった。

家が焼けてしまったので、葛飾区上小松町というところにある初江の実家で居候した。大空襲をまん丸な目で見つめていたあの時の幼子、聰吉は、なんとか成長していた。すくすく育っていた。潔は我が子の成長は嬉しかったが、子供なんかは勝手に育つものだと思っていた。

それより感激したのは、禁演落語の解禁であった。戦時中に上演が自粛されていた例の落語の数々が、自由に演じられるようになったのだ。潔はその話を耳にして寄席に行きたくてウズウズしだし、ようやく時間を見つけて出かけた。戦中に通っていた浅草の寄席や演芸場は空襲で被災しなくなっていたので、足を伸ばして中央区日本橋の人形町末廣という寄席に行った。大盛況で、ここは客席が全部畳敷きなのだが、客で埋め尽くされており潔はひざを抱えるようにして縮こまって見た。ちょうど前方に、座高の高い男がいて、潔からは高座がよく見えなかった。

が、とにかくこの雰囲気がたまらなかった。肌を寄せ合う観客の熱気が立ち籠め、あちこちから異様な笑い声が起きていた。みんな笑いに飢えていたのだ。真打ちが登場すると、客席の数人が「三枚起請！」と声をかけた。「三枚起請」というのは、禁演落語の一つだ。真打ちはうんうんうなずいて高座に着き、注文通り三枚起請を演じた。遊郭の噺である。そもそも生真面目な上に貧乏な潔は遊郭なぞ行ったこともないが、この噺を聴いて自分も遊びに行った気になった。噺が終わると、万雷の拍手が渦巻いた。寄席は、やはりいいものだ。潔は堪能して人形町末廣をあとにした。

敗戦は衝撃だったが、アメリカ流の自由な空気が流れ込んできて、日々の生活も活気づいてきた。

ただ、実はGHQ（連合国軍 総司令部）も落語に介入していた。それは、「軍国主義的なもの、仇討ち、復讐もの、好戦的、排他的なもの、女性子供の虐待があるもの、ポツダム宣言の主旨に反するもの、戦勝国批判などはNO！」というお達しであり、新たな禁演落語が定められたのだ。権力者とは小うるさいんだな、と潔は思った。

昭和二十二（一九四七）年五月三日、新しい日本国憲法が施行された。GHQの手でこねくりまわされたものであったが、自由主義社会参加のための新たな国法であり、日本人はありがたく押し戴いた。もらえるもんは何でももらっとけ、という時代だった。東京では記念の花電車が走行した。造花やイルミネーションなどで装飾して走らせる特別電車だ。五月三日はくしくも、潔の弟の秀次郎が戦死してから三年目の日だった。潔は二歳半の聰吉を肩車して花電車を見物した。

「聰吉、花電車きれいだろう。これから日本は変わってゆく。どんどんな。どうせなら、おもしろおかしく生きてゆけ！」

希望に満ち溢れていたその年の九月十四日、キャスリーン台風が関東を襲った。死者・行方不明者一九三〇人もの被害が出た。潔たちが仮住まいしている初江の実家も甚大な被害を受けた。初江が叫ぶ。

「あんた、聰吉だけは背負っていってちょうだい！」

住宅は一階の鴨居のあたりまで浸水し、聰吉がもう少しで流されるところだった。が、潔がまた肩車して何とか難を逃れた。京葉道路から中川・荒川にかかる小松川橋という鉄橋まで泳いで避難でき、清水家は助かった。この時も聰吉は目を丸々と見開き、轟々と過ぎゆく濁流を見つめていたという。不謹慎ではあるが幼少の聰吉にとってはすべてが大スペクタクルだったのかもしれない。

(6)ラジオ落語全盛期

命は無事だったものの、それからの清水家は極貧であった。初江の実家が流されたため、また新たに家を探し、江戸川区西小松川という場所にある家屋の、わずか四畳半一間を間借りして暮らすこととなった。潔は金子工場という会社で鉄を延ばす圧延機を製造する仕事に就き、働きに働いた。忙しくなり、寄席にほとんど行けなくなってしまったが、代わりにラジオで演芸番組を楽しんだ。

この頃、潔が愛好していたのが、三遊亭歌笑である。戦後の爆笑王といわれる噺家だ。歌笑はぬうっとした奇顔で、それを売りにし、なおかつそれまでにない斬新な新作落語で笑いを取った。

「珍顔をもって鳴る三遊亭歌笑であることをまず証明する！　ブタの夫婦がのんびりと　畑で昼寝をしてたとさ　夫のブタが目を覚まし　女房のブタにいったとさ　いま見た夢は怖い夢　おれとおまえが殺されて　こんがりカツに揚げられて　みんなに食われた夢を見た　女房のブタが驚いて　あたりの様子を見るなれば　いままで寝ていたその場所は　キャベツ畑であったとさ　歌笑純情詩集より」

これを噺のマクラ（本題の前置きになる短い噺）として、歌笑は様々な新作落語を披露していった。潔はラジオを聴きながらしみじみし、初江にいった。

「ブタの夫婦の哀愁が伝わってくるねぇ、いいねぇ。しかし、働き詰めなのに家一軒持てないおれとおまえも、ブタの夫婦と変わらないかもしれねぇ」

「冗談じゃないよ、あんたはどうだかしらないけども、わたしまでブタ扱いしないでおくれ。だいたい、ブタの子じゃあ、聴吉だってかわいそうだよ」

幼い聴吉は何が話題になっているのか分かっているのかいないのか、文字どおりラジオにかじりついていた。

「こらっ、聴吉、ラジオをかじるんじゃない。ヨダレまみれじゃないか！」

聴吉をラジオから引き離そうとしたが、なかなか離れない。音が出る箱（ラジオ）が不思議でならないらしい。思えばこの頃から落語と縁があったのかもしれない。

戦後まもなくは、純情詩集の歌笑、柳亭痴楽、柳家小きんが若手三羽烏と呼ばれた。この三人のうち、柳家小きんがのちに五代目柳家小さんになり、聴吉の運命とも関わってくる。が、それはまた、のちの話である。

この時点では歌笑が爆笑王だった。しかし、この歌笑。何と昭和二十五（一九五〇）年五月、銀座六丁目で都電の車道を横切ろうとした際、米軍のジープにはねられ、わずか三十四歳で急死してしまう。潔はこの時も泣いた。

「爆笑王がジープに轢かれて早死にしちまうなんて、とんだお笑いぐさだ」

それでも落語人気が衰えることはなく、ますます世間に広まっていった。ちなみに、戦前から戦後にかけてしばらくは、公共放送である日本放送協会（ＮＨＫ）のラジオ放送しかなかった。それが、サンフランシスコ講和条約が結ばれた昭和二十六（一九五一）年の年末にラジオ東京（のちのＴＢＳラジオ）、翌年に文化放送、さらに昭和二十九（一九五四）年にはニッポン放送などと民間放送が次々開局している。このうちのラジオ東京が昭和二十八（一九五三）年に五人の一流噺家と専属契約を結んだ。その面々は八代目 桂文楽、五代目古今亭志ん生《しょう》、六代目三遊亭圓生《えんしょう》、五代目柳家小さん、自称二十四代目昔々亭桃太郎である。他局も続々と他の噺家と専属契約していった。

潔はこのなかでは、古今亭志ん生が特に好きだった。こんな言葉がある。

「書でたとえれば文楽は楷書の芸で、志ん生は草書の芸である」

音楽でいえば文楽は正統派で隙のないクラシックだが、志ん生はジャズ的でどこに即興が入り込んでくるか分からない。潔は志ん生の自由闊達な芸風に惹かれた。それで自然と、志ん生が契約しているラジオ東京を聴くようになった。それが、である。まもなく志ん生の放送がなくなってしまった。まさか歌笑のように急死したわけじゃ……と潔は心配した。後日分かったことだが、志ん生はラジオ東京と契約したばかりなのに、ニッポン放送に出演してしまったのだという。「契約なんてたいしたことじゃない」と思っていたらしい。結局、志ん生の娘がニッポン放送に勤務しているということもあって、両局相談のうえ、志ん生はニッポン放送に鞍替え契約した。志ん生という人は、文楽と並ぶ古典落語の雄だが、高座に上がって居眠りするなんてのはまだいいほうで、寄席を無断欠席したり独演会まで欠席したことがあるという豪の者であった。

潔は真面目な男だから、いい加減な性格の志ん生にあきれ、他の噺家を追いかけることにした。誰にしようかとあちこちの演芸番組を聴いた。ある時、文化放送にチューニングしたところ、晴れ晴れしい声が飛び出してきた。

「ええ、破壊された顔の所有者と自ら名乗っている柳亭痴楽でございまして……」

潔の顔色が変わった。

「破壊された顔の所有者？　まさか歌笑か？」

しかし、声が違うし、珍顔の歌笑はもう死んでいる。息を潜めて聴き続けた。

「笑う門にはラッキーカムカムなんてことを申しますから、どうぞ一つ大いにお笑いくださいますように……」

それは、若手三羽烏の一人、柳亭痴楽であった。痴楽は終戦の翌月、つまり昭和二十（一九四五）年九月、戦後最初の真打ちとして昇進した人である。

「東京娘のいうことにゃ　サノいうことにゃ　柳亭痴楽はいい男　鶴田浩二や錦之介　あれよりグ〜ンといい男　てなてなことを一度でも　いわれてみたいいわせたい」

その朗らかで調子のいい声に、潔は一気に引き込まれていた。「痴楽綴り方狂室」というマクラであった。続いて「恋の山手線」が繰り広げられた。噺の中に、山手線の駅名が織り込まれているのだ。その構想力と破壊力に潔は圧倒された。くわえていたタバコを落とし畳を焦がしてしまった。

「山手線を一回りグルリと回ってみたいと思います。上野をあとに池袋　走る電車は内回り　私は近頃外回り　彼女は綺麗な鶯芸者　日暮里笑ったあのえくぼ　田端を売っても命懸け　思うはあの娘のことばかり　わが胸の内駒込と愛の巣鴨へ伝えたい　大塚なびっくり度胸を定め　彼女に逢いに池袋　行けば男が目白押し　そんな女は駄目だよと　高田の馬場ぁや新大久保の伯父さんたちの意見でも　新宿聞いてはいられません……誰に悩みを有楽町　思ったあたしがすっ東京《とんきょう》　なんだ神田の行き違い　彼女はとうに秋葉原　ほんとに御徒なことばかり　山手は消えゆく恋でした」

こんな落語は聴いたことがない。歌笑の純情詩集もよかったが、痴楽はそれに輪をかけたようで、潔が抱いていた落語の概念を覆した。まさに笑撃だった。この頃には、聰吉もただラジオをかじってヨダレまみれにするだけでなく、ある程度意味を理解し聴くようになっていた。古典落語は子供の聰吉にはよく分からないようだったが、痴楽を聴くと笑った。痴楽の人気は長く続き、落語人気そのものも高めた。

(7)タレント噺家の先駆け林家三平

昭和二十八(一九五三)年、聰吉八歳、小学三年生。そろそろ物心がつこうとしている。この年の二月、ＮＨＫがテレビ本放送を開始した。同年八月には、民放の先陣を切って日本テレビが本放送を始める。テレビでもさっそく落語が放送されるようになった。当初は桂文楽、古今亭志ん生、六代目春風亭柳橋といったあたりが古典落語を演じていた。しかし、貧困な清水家にはもちろんテレビを買う金はない。というより、まだほとんどの家庭にテレビなんかない時代だ。街頭テレビを見たり、そば屋で見たり、ご近所の金持ちの家に上がり込んで見せてもらったりしていた。当然ながら自由に番組を選んで見ることはできず、たいていはプロレスや相撲中継が多かった。

聴吉はプロレスや相撲も大好きだったが、父・潔の影響で演芸番組が気になっていた。幸い、時々は演芸番組を見ることもできた。聴吉は寄席に行ったことがない。ラジオで声しか知らなかった噺家に、様々な表情やしぐさがあるのを知って感心した。正直なところ、それまでは漫才のほうが分かりやすくておもしろいと思っていた。だが、テレビで見て、一人で何でも演じてしまう噺家はすごいなぁと思った。その興奮を学校の友達に話したが、あまり反応がない。テレビのおかげで大人のあいだでこそ噺家の顔が知られるようになり人気が高まっていたが、子供のあいだではプロレスと相撲、放送劇や歌番組のほうが圧倒的に人気があったのだ。聴吉は落語のおもしろさを伝えたかった。が、友達にそこまで主張するほどの情熱はまだない。自分が演じるなんて夢にも思わない。まだまだ落語がどうこうより、当時の小学生らしくプロレスや相撲の話題で盛り上がり缶蹴りやらビー玉やらベーゴマやら、夜遅くまで遊ぶことに夢中だった。

この情勢を変化させたのが、初代林家三平のテレビ登場だった。昭和三十（一九五五）年のことである。ラジオ東京テレビ（のちのＴＢＳ）の昼の帯番組「今日の演芸」司会者に三平が抜擢された。当時、三平はまだ二つ目だった。噺家は前座、二つ目、真打ちと上がってゆく。たいてい、二つ目ではあまり大きな仕事は来ない。それが突如抜擢されて一躍人気者になったのだ。明るく分かりやすい小噺を連発し、ナンセンスな笑い、そしてテレビ的な大げさな動きのある三平落語は独特なものので一大ブームを巻き起こした。タレント噺家の先駆けであった。

のちに、リズム落語とか立体落語などと呼ばれる演奏付きの落語も生み出し、澄ました顔の小倉義雄のアコーディオンや林家ぺー平（のちの林家ぺー）のギターに合わせて歌を歌っては様々なジョークを連発、伝統に縛られない噺を披露。それまでの落語にも歌ったり三味線が入ったりする音曲噺というのがあるにはあったが、三平落語は破天荒だった。

また、「どーもすいません」が決めゼリフのようになって大変な人気を博した。聴吉もある時、授業の質問に答えられなかった際、三平のように頭をかきながら、声色をマネて「どーもすいません」とやったところ、生徒たちにはウケたが先生の怒りを買った。

三平には功罪があり、あんなのは噺家の芸ではないという批判も根強くあった。聴吉も子供ながらに「あの人はおもしろいけども、あれが本当に落語なのかなぁ。なんだかバカバカしいなぁ」などと思っていた。が、とにかくその人気はすさまじく、それまで落語と縁のなかった人たちが、三平のおかげで「じゃあ、寄席にも行ってみよう」というふうになった面もあって落語界への貢献は大きかった。噺家の地位向上に一役買ったのである。

聴吉もこの頃からようやく友達と落語談議に花を咲かせる……なんてことをするようになった。聴吉は友人に言った。

「三平って、太平洋戦争の時に陸軍で出兵したんだってよ」

「そりゃあ、日本は負けるわなぁ。三平が戦場に行くようじゃあ」

三平ブームのおかげで聴吉のまわりに落語好きが増えた。

が、実のところ、清水家は落語どころではなくなっていた。父・潔の会社では労働争議が激化していたのである。潔は労働組合の執行委員を務めていた。委員は潔ら少数の穏健派と、多数の急進派から成っていた。潔は温厚な人柄で、対立を好まなかったが、委員就任を断わることもできなくて経営陣と敵対することになったのだ。一時期は急進派が勢いに乗り、労働者の地位・収入向上を実現させるかに思えた。が、無残にも、急進派が調子に乗り過ぎ、とうとう会社がギブアップしてしまったのである。倒産だ。

この時、潔は聴吉の下に、次男・鉄治と長女・弘子をもうけていた。ついでに、母(聴吉の祖母)・美禰も健在。妻・初江を入れて総勢一家六人、いまだに四畳半一間に間借りという状況だった。が、倒産し失業しては、その生活さえままならない。潔は失業保険を受けつつ慌てて就職活動を行ない、東京機械という会社に入ることができた。船のウィンチといって、碇の巻上げ機を製造する工場だった。そこで一生懸命働き、数年経つうちにどうにか生活が安定してきた。

(8)テレビが欲しい!

昭和三十三(一九五八)年、潔四十五歳、聰吉十四歳。この年、東京タワーが完成し、子供たちはフラフープに熱中して腰をグイングイン回し、青年たちは有楽町の日劇(日本劇場)でロカビリーという腰をカクカクさせるヘンな踊りを踊っていた。日本の敗戦の傷は、癒えたのだ。聰吉は友達と自転車に乗って東京タワーへと疾走した。港区芝まで、途中で永代橋を渡り、十五キロほどの小旅行であった。金がないのでタワーは昇れなかったが、三三三メートル、世界一の鉄塔を見上げていると誇らしかった。未来に希望をもてる時代だった。

翌年四月、皇太子の明仁《あきひと》親王と日清製粉の娘さんである正田美智子さんのロイヤルウェディングが華やかに挙行された。初めての平民出身の皇太子妃で、お二人がテニスをきっかけに出会ったことからテニスが流行した。聰吉の中学でもテニス部がにわかに部員数を伸ばした。が、聰吉はそういうハイカラなスポーツにはまったく無関心なのだった。そもそも、父の潔に似て体が小さく、あまりスポーツ向きの体格じゃなかった。そんなことよりも、聰吉にとって重大なのは、ご成婚パレード中継を見るために友達の家に行かなければならなかった……というこの現状だった。世紀の結婚式を前にテレビが爆発的に売れたが、清水家ではまだ買えなかったのである。屈辱だった。テレビが欲しい。聴吉は父・潔に頼み込んだ。

「親父、テレビを買ってくれ」

潔はラジオを聴きながら軽くあしらった。

「バカ言うな。うちのどこにそんな金がある。ラジオで充分だ」

「うちにテレビがあれば、野球もプロレスも相撲もただで見られる。もちろん、演芸番組も見放題。すぐに元なんか取れるよ」

「……そう言や、そうだな」

潔は単純な男であった。

「……だがなぁ、聴吉。金がないものはしょうがない。あきらめろ」

聴吉は考えた。考え抜いた末に、言った。

「高校に受かったら、買ってくれ」

「なに？ 高校だと⁉」

潔は驚いた。聴吉の進路は、就職しかないと思い込んでいたのである。自分自身が小学校しか出てないので、息子はその一つ上の中学校を出れば満足だろうと考えていたのだ。我が子が高校へ行くなどとは、おそれ多い気がした。この時代、高校に行くのはすでに珍しくないが、世間知らずな潔はどうしても自分の時代のモノサシで計ってしまうのである。潔はうーんと唸ってから言った。

「よし、いいだろう。やってみろ。もし受かったら、買ってやる」

聴吉の通う江戸川区立松江二中では、ちょうど半数ずつ進学組・就職組で分かれていた。聴吉は就職組に入るつもりだったが、テレビ欲しさに急遽進学組に入る決断をした。どの高校に入れそうかがまったく分からず困ったが、松江二中では当時としては非常に珍しく、進学担当の先生が偏差値というものを導入していた。のちに悪の枢軸のように叩かれる偏差値であるが、この時の聴吉たちにとっては、自らがどの程度の学力をもっているか可視化できて大変便利に思えた。学力の低い聴吉だったが、偏差値活用と、テレビ購入というエサのお蔭で、かろうじて都立江東工業という高校の受験に合格したのであった。

昭和三十五(一九六〇)年六月、清水家。わずか四畳半に六人がひしめき暮らす清水家。その恐ろしく狭い部屋に、なんとかテレビを置く空間をつくろうと、一家は大わらわだ。過酷な作業だったが、人間が立ったままでいればどうにかテレビが置けることが確認され、ついに搬入となった。家具のように大きく、それなのに画面は小さい、この時代のテレビ。ナショナルブランドのテレビ。聴吉はテレビが配置されると、その壁面をなでた。

「早く！　早く見ようよ！」

弟と妹がせかす。

「まぁ、そうあわてるな。テレビは逃げやしない」

聴吉は、ゆっくりとチャンネルに指を伸ばし、回した。ボゥ〜ンとブラウン管テレビならではの鈍い音がし、初めは真っ暗だったのが、徐々に映像がハッキリしてきた。

「映った！　映ったぞ！」

映るのは当たり前だ。映らなかったら不良品である。テレビ画面にはすさまじい数の人間が、清水家以上に窮屈そうに押し合っている状況が映し出された。ニュースだ。日米安全保障条約に反対する学生集団が、警官隊と大衝突している場面だった。

「すごい！　すごいな、この群集は」

「いや、すごいのはテレビだよ」

テレビが映るだけで大興奮し、安保闘争などどうでもいいという清水家は、平和だった。

この安保闘争で女子学生の死者まで出て、世の中は騒然としていたが、まだ高校生の聴吉にはあまり縁の無いできごとだった。そもそも聴吉はノンポリティクス、ノンポリである。回りの生徒達もほとんどそうだった。ただ、生徒会に入っているようなメンバーは多少影響を受けており、校則改正運動なんてのをぶち上げていた。

「先生、校則改正の件はどうなっているのですか！　改正の遅れを、どう釈明するのですか！」

安保闘争の大学生に負けまいと鼻息も荒く運動していた。その成果が出て、聴吉が二年生になった時に髪形が自由になった。それまでは坊主頭にする決まりだったのが、七三《しちさん》、オールバック、リーゼントなどなど、一気にすごいことになった。聴吉も髪形を変えてみたいという思いはあったもののの、剣道部という硬派な部活動に所属していたため、洒落っ気のないスポーツ刈りで通した。聴吉は体が小さいことに劣等感があり、武道を修得し克服したいと考えていた。剣道に一心に打ち込んだ。そのことが、まさかいずれ噺家の道で役立つ時が来ようとは思ってもみなかった。まだまだこの頃は演芸好きの一男子に過ぎない。

剣道以外では、あとはもう就職だけを考えていた。父・潔と同じく職工になる。それが聰吉の進路希望だった。三年生になり、いくつかの会社を検討して就職担当の先生に相談したところ、

「お前の成績じゃどこも無理だ」

とあっさり言われた。しかし、たまたま凸版印刷という会社が工場を拡大していて、実習生の募集があるのを教えられた。正直なところ、聰吉はあんまり気が進まなかった。というのは、中卒の友達がとある印刷会社に勤務していて、その話によると重労働で残業が多いわりには給料が良くないと聞いていたからだ。が、夏休み、ひとまず実習に参加してみた。見学・手伝い・試験があって、幸か不幸か聰吉は合格。十月には入社が内定していた。

父・潔は何も告げずに凸版印刷の小石川事業部を見にいった。そして、これはずっとあとで聰吉が知ったことなのだが、潔は近所の行き付けの飲み屋で、

「うちの息子は大会社に入った。これで定年までに家の一軒くらいは持てるだろう」

と吹聴したのだという。息子の就職決定がよほど嬉しかったらしい。

「家の一軒くらいは……」という言葉に、四畳半の間借りしかできていない潔の、息子にかける思いが滲んでいる。

聴吉は高校の卒業式のあと、謝恩会で何か漫才らしきものを演じた。が、舞い上がっていたし赤面もので、その記憶はどこかにブッ飛んでしまった。

(9)東京オリンピックに向かって走る新社会人

昭和三十八(一九六三)年四月、聴吉は凸版印刷に入社した。初出社前、潔から言い渡された言葉がある。

「遅刻は絶対にするな。それと、常に五百円は持っておけ。同僚とちょっと一杯なんてことがあっても五百円ありゃあ、何とかなる」

バカみたいな話だが、それだけ当時は五百円が高額で使い出があったのだ。飲みに行ってタクシーで帰っても充分な金額だった。

新入社員の研修会が富士山の麓の国立施設で開かれた。最終日に、幹部社員から「何かおもしろいことはやれないのか」と言われ、聴吉は五人の同期とアドリブの小芝居で「国定忠治」を演じた。すると、総務課長から誉められた。聴吉の社会人スタートはまずまず順調だったといえよう。まもなく本格的な社会人生活が始まることになる。

新人教育を受けたあと、聴吉は現場(工場)に配属された。グラビア印刷の輪転機にしがみつくようにして、インキまみれになって包装材料と呼ばれるものを刷った。輪転機を操作したり用紙・インキを補給したり。翌年に控えた東京オリンピックに向かって景気が良く、二交替勤務で働きに働いた。初任給は一万二千八百円で平均月給より五百～七百円ほど低かったものの、残業・夜勤手当てがたくさん付き、結果的に二万八千円にもなり、よその大学卒よりも多くもらえた。このことを報告すると、父・潔は泣かんばかりに喜んだ。

夜勤明けの日は、昼間は寝ているのが普通だ。が、ある時、ラジオのニッポン放送の有楽町ビデオホールで行なわれる寄席番組収録の無料券が手に入ったので、夜勤明けに行ってみることにした。胸が高鳴った。聰吉は寄席に行ったことがなく、ライブで落語を聴くのは初めてだったのだ。

三代目三遊亭金馬が登場した。金馬は戦前から人気があった。誰が聴いても分かりやすく、しかもキレがいい。その名人級の噺には、落語界の第一人者である桂文楽や古今亭志ん生も一目置いているほどだった。聰吉はそういった評価を知らなかったが、実際の金馬を聴き、そのおもしろさにすぐとりこになった。「居酒屋」という古典落語で、飲み屋に来た男と、店の小僧を声色でハッキリ演じ分け、明朗明解だった。無理な注文を出す男と、それに困り果てる小僧が、まさに目の前にいた。聰吉はライブの寄席の素晴らしさを実感した。帰りに次回の収録の無料券をもらった。この頃から聰吉のライブ好きが高じることになる。

同じ頃、聰吉がもう一つ、関心を持ち始めたものがあった。労働組合だ。組合員が新入社員に盛んに声をかけてくるので、みんな多少の興味はもっていた。高校時代はノンポリだった聰吉も、新しい思想に触発され、組合の集まりに顔を出すようになった。しばらくして、上司に呼ばれることとなる。

「清水君、君はせっかくいいものを持ってるんだから、ああいうことはやらないほうがいいんじゃないかなあ」

ああいうこと……というのは「組合活動」のことであった。適当に受け答えしておけばよかったのだろうが、活動に関わってるうちに聰吉のなかにヘンな正義感のようなものが生まれていた。

「なぜいけないんですか、組合活動は労働者の権利のはずです」

余計な一言だった。上司は苦い顔をして去っていった。


昭和三十九(一九六四)年四月、聰吉は営業事務にまわされた。聰吉はこの件を、組合活動で目を付けられたからだと思っている。ただ、当時は全国の会社が増益を目指して適正配置を進めている時期だった。その流れで、凸版印刷は営業が人手不足だったため、大量の配置転換を実施したのである。聰吉が新たに配置された営業事務は、現場(工場)と営業のあいだの情報伝達をしたり、得意先から製品の注文・指示を受けて納品しに行ったりする仕事だった。その中でも聰吉は新規開拓班の配属だったので、慣れない顧客との間で地道に信頼関係を築いていかなければならなかった。突然の転属に困惑しあたふたする聰吉。

一方、世相は華々しかった。九月にプロ野球巨人の王貞治がシーズン55号ホームランを放ち、この日本記録は以後四十九年間も破られることがなかった。十月一日には東海道新幹線「ひかり」が営業運転を開始。同月十日、東京オリンピック開幕。小石川工場で聰吉が働いている時、飛行音に気づいて見上げると、大空に自衛隊のブルーインパルスが描いた五輪が浮かんでいた。清々しかった。が、東京五輪のあいだも毎夜十時過ぎまで働き詰めで、ゆっくりテレビを見る時間もなかった。それでも、「東洋の魔女」と呼ばれた日本女子バレーボールのチームが小柄ながらも回転レシーブを駆使しソ連を破って優勝した試合では、テレビに釘付けだった。十月二十三日にNHKが行なったこの試合中継、視聴率はビデオリサーチ調査で66・8％、一説には85％ともいわれ、ものすごい記録を叩き出している。すさまじい時代であった。

会社の景気も良く、残業でだいぶ稼げた。が、五輪終了後、日本は虚脱状態に陥った。まるで潮が退くように急速に景気が悪化してゆく。

昭和四十(一九六五)年に入ったあたりから、経費節減が始まった。それまでは事務用品やら交通費やら、請求すればどんどん出ていたものが認められなくなった。それどころか、残業代まで出なくなった。といっても残業そのものがなくなったわけではないので、今でいうサービス残業だ。聰吉は不安になってきた。この時、ちょうど二十歳。新年度に入ると、大学卒の新入社員が入ってきて、自分より上の地位についてしまった。まぁ、向こうのほうが年上なので、仕方がない部分もある。ただ、大卒が増えてきた時代で、高卒の自分では将来頭打ちなんじゃないか……と悩み始めていた。もっとも、そんなのはよくある悩みで、ふつうならがんばり続けるものだ。

しかし、もう一つ気になっていることがあった。この頃、公害問題が注目を浴びるようになっており、化学用品を使用する工場は都内にいづらくなり地方へ「疎開」する傾向が出てきた。自分は飛ばされるんじゃないかと聰吉は恐れた。考え過ぎだが、二十歳の節目を迎えたこともあって悩みは深まり、聰吉のなかで満たされない何かが沸々とみなぎりつつあった。

鬱々とした日々を送りながらも楽しみはあった。仕事で得意先に行っての帰り、時間があくと放送局をのぞくのだ。ＮＨＫの千代田区内幸町の放送会館やニッポン放送の有楽町ビデオホールに行き、無料券で入場して落語を堪能した。聰吉は今度は五代目立川談志という若手の噺家を知った。威勢のいい口調で、その粋な噺っぷりには強く惹かれるものがあった。まさか、まもなくこの男に人生を狂わされようとは、聰吉は想像さえしていない。

テレビでも演芸番組が増えてきて、ＮＥＴテレビ（のちのテレビ朝日）の「日曜演芸会末広珍芸シリーズ」や「大正テレビ寄席」というバラエティー番組が人気を得ていた。それらの番組で聰吉は例の林家三平や立川談志、マシンガントークで爆笑をさらう三代目月の家圓鏡（のちの八代目橘家圓蔵）などを見た。好き勝手なことを喋ってうらやましいなぁ、と思っていた。

そんななか、社内で憂さ晴らしをする機会も巡ってきた。「オール凸版家族慰安会」なるものが企画され、なんと、日本武道館を借り切っての大集会になったのだ。ここでまた幹部社員から「何かおもしろいことはやれないのか」と言われた聰吉は、同期の仲間たちと「無法松の一生」を上演。わざわざ新橋の料亭から人力車を借りてきて演出し、一万人の前で演じた。素人が一万人を前にそんな無茶をするとは、まさに無法な事態だが、そういう時代だった。

人前に出る快感を覚えた聰吉は、当時人気のあった「象印歌のタイトルマッチ」という視聴者参加のテレビ番組のオーディションを受け、合格。本番はロイ・ジェームスの司会で、審査員に歌手・淡谷のり子や作詞家・湯川れい子、落語評論家の安藤鶴夫などが名を連ねていた。そうそうたる面々だ。その中で、聰吉は喜劇役者エノケンこと榎本健一のモノマネで一曲歌い、誉められた。お世辞程度に誉められたに過ぎないのだが、聰吉はすっかり浮かれ、味を占め、演芸の世界に行きたくなってしまったのである。

⑽どの噺家に入門するか

演芸の世界に踏み込むならば、やはり聰吉は一人で物語を完成させられる噺家に魅力を感じた。で、どうすりゃ噺家になれるのか？　聰吉は落語の本を読んで勉強するかたわら、演芸好きの友達に訊いてみた。すると、こう言われた。

「落語家ってのは誰か師匠に入門しなきゃなれないんだぞ」

「師匠って……誰にどう頼めばいいんだ？」

「誰でもいいから、自分が気に入った落語家に会って、頼むんだよ」

「会うったって、どこでどう会うんだ？」

「それはなぁ、寄席やテレビ局に行って出待ちをするのがいい。なんなら、落語家の自宅前で待つなんて手もある」

「なるほど、待ち伏せか」

聴吉はその気になってきた。だが、肝心なのは、どの噺家に入門を頼むかだ。聴吉の頭に浮かんだのは「若手四天王」と呼ばれる噺家たちだった。五代目春風亭柳朝、五代目三遊亭圓楽、三代目古今亭志ん朝、そして五代目立川談志である。四人とも人気実力を備えていた。

柳朝は歯切れのいい江戸弁で威勢がよく、この年、昭和四十(一九六五)年にはフランク・シナトラが監督・主演する戦争映画『勇者のみ』に出演するなど大活躍していた。

圓楽はそこそこ男前だったので「星の王子さま」と呼ばれ、ガハハハと高笑いすることで知られ、のちに日本テレビの演芸番組「笑点」の司会者を引き継いで長く務め、それは二十一世紀初頭まで続いた。

志ん朝は落語界のプリンスである。例の「草書の芸」の古今亭志ん生を父にもち、兄もまた十代目金原亭馬生という本格派の噺家だ。噺家として家柄がいいだけでなく、噺はうまいし華やかで粋な雰囲気をもっているしで、人間的にも優れ、スター性があった。

談志も粋で威勢がよく、「笑点」を企画し初代司会者になるなど多才でちょっと生意気で、人間的には難があり、もっといえば暴れん坊だった。異端児だった。

聴吉の見たところ、四天王のなかでも純粋に落語の実力だけで計ると、志ん朝と談志がズバ抜けているように感じた。本格的に落語を会得するには、この二人のうちのどちらかだと考えた。「プリンス」と「暴れん坊」、まるっきり違うタイプである。あまりに違うので迷っているうちに、その年の暮れ、運命の一冊が出版された。立川談志の『現代落語論』だ。聰吉はさっそく購入した。落語の見方・聴き方から始まって、自伝的な内容あり、噺の評論・分析的な内容ありで、衝撃を受けた。噺家がこのような本を書くなんてことが信じられなかった。しかも、まだ二十九歳という若さ。むさぼり読んだ。

「噺家にとって落語をやる最大の楽しみは、噺の演出だ。自分ですべてを、主役から端役まで演じ分けることができるということ、だから、同じ噺でも、その人の演出、工夫で味がちがってくるし、おもしろさもちがってくる。ストーリーは同じでも、それを演じる方のテクニックで、噺の中のムードも変わってくるし、登場人物の性格描写さえも変わってくる」

そのとおりだ、とひざを打った。なんとなくは分かっていたことだが、こうまでしっかり言葉で説明されたことに聰吉は感銘を受けた。それも評論家などが他人事として書いているんじゃなく、噺家が噺家の言葉で伝えているのだ。聰吉の心は決まった。

「談志の弟子になろう」

それでも待ち伏せをするというのは、ハードルが高かった。どうしようかと考えながら本を読み終わり、ふと奥付けを見ると、談志のプロダクションの所在地が記載されていた。聰吉はその宛先に、弟子入り志願の手紙を出した。

(11)立川談志との出会い

返事がないままに時が過ぎていった。昭和四十一(一九六六)年春。

――ダメだったか……

聴吉はすでにあきらめモードになり、日々の仕事に打ち込むことで無念を晴らそうとしていた。が、ある日。返事が来た。聴吉は震える手で封を開けた。読むと、それは談志のマネージャーからの手紙で、新宿の紀伊國屋ホールで公演がある、その日に来なさい、という内容だった。その時から聴吉はまったく仕事に身が入らなくなった。といっても、もともとそう身を入れてたわけでもないのだが。

「君か？　清水君てのは。手紙見たよ」

談志はあごをなでさすりながら、そう言った。あの談志が目の前にいる。聴吉はガチガチになって頭を下げた。

「はい、お返事ありがとうございました」

「で、何やりたいんだ」

「はい？」

「何をやりたいかだよ。落語か漫談か」

談志は答えをせかすようにぶっきらぼうに言った。聴吉は即答した。

「落語です」

「そうか、落語か」

談志は目をギラつかせて聴吉を上から下までまじまじと見た。そして言った。

「いいかい、この世界に入るには親が承諾しないとダメなんだ。だから今度親を連れてきなさい。場所と日時はまたマネージャーに連絡させるから。じゃ、そういうことで」

それだけ言って、こちらに背を向けてさっそうと去っていった。聴吉は緊張し続けたまま、去りゆく談志を見送っていた。時間にしてわずか二分か三分程度の対面だったが、まるで遠泳したかのように聴吉は疲れ切っていた。


四月の休日、聴吉は言おう言おうと朝から何度も思いつつ、口を開きかけては言いそびれ、のどが引きつり、生唾を呑み込み、非常な困難の末、晩飯時になってついに言った。

「親父。おれ、仕事辞める」

父・潔は聴吉の葛藤などまるで知らなかったので、あまりの唐突な発言に驚愕した。

「なんだ、お前、いきなり」

「もう決めたんだ」

「決めたって、何をどう決めたんだ」

「おれ、噺家になる！」

「噺家⁉……お前、どうかしたんじゃないのか⁉」

「親父だって落語好きだろう」

「落語は好きだが、お前がなるなんて考えたこともなかったぞ。どうしたんだ、突然」

「突然じゃないいんだ、ずっと考えてたんだ」

潔はしばし金魚のように口をパクパクさせていたが、持っていた茶碗と箸をちゃぶ台の上にバンと置き、怒鳴った。

「バカ言うな、噺家なんかなれるわけないだろう」

聰吉は冷静に応じた。

「いや、なれる。ずっと勉強してきたし、弟子入りすればいいだけのことなんだ」

「そりゃあ、お前、なるだけならなれるかもしれない。おれは、そういうことを言ってるんじゃないんだ、噺家なんかじゃ食っていけないってことを言ってんだ！」

「どうして親父にそんなことが分かる」

「お前なぁ、いろんな師匠が言ってるぞ、噺家は貧乏だ、食っていけないって。当の噺家が言ってるんだから間違いない」

それはある程度真実を突いていた。しかし、聰吉は負けなかった。

「噺家が貧乏だってのは、それはネタで言ってんだ」

「まあ、落ち着け。よぉく落ち着いて考えろ。今の会社で勤め続ければ、家の一軒ぐらい持てるんだぞ。噺家じゃあ、仮に食ってはいけても、それだけで精一杯なんじゃないか」

「おれは家を持つために生きてるんじゃない。家なんかいらない」

その言葉に潔は茫然とした。聴吉は続けた。

「なんとかする。食えるように、なんとかがんばる。だから頼むよ。噺家になるには親の許可がいるんだ。ただそれだけなんだ」

潔は黙ってしまった。それまで何も言わなかった母・初江が口を開いた。

「この子がこんなに言ってるんだから、許してやったら」

「そうは言っても……」

言葉に詰まった潔に対し、聴吉はたたみかけるように言った。

「噺家がダメなら自衛隊に入る」

「なに？　自衛隊だと⁉　なんでそうなる！」

「国のために働くんだ。ベトナムに行って戦うかもしれない」

当時、米軍のベトナム爆撃が激化していた。前年には、まだ米国占領下にあった沖縄からＢ52爆撃機が実戦へと飛び立ち、人々のあいだで反戦運動が高まっていた。

「噺家と自衛隊、それかベトナムの傭兵……それしかもう生きる道はないいんだ」

「いいかげんにしろ、バカ言うんじゃない！」

潔はちゃぶ台を引っ繰り返そうとした。が、まだご飯が残っていたので止めた。どうやら聰吉がそうとう思い詰めているらしいのは分かった。熱くなっている時は、何を言ってもムダだ。冷めるのを待つのが一番だ。潔はそう思い、黙ってご飯の残りを食べた。聰吉も言うことがなくなり、口をつぐんだ。気まずい晩飯になった。

五月になった。あの時以来、噺家云々とは言わなくなったので、やはり一時の気の迷いで、あきらめたんだろう……と潔は思っていた。まもなく、のん気な潔はそんな騒動があったことさえ忘れかけていた。が、ある時、聰吉がこんなことを言った。

「会ってもらいたい人がいるんだ。仕事で世話になってる人なんだ。今度の金曜の仕事が終わったあと、上野の『再会』って喫茶店に来てほしい」

上野の喫茶店。潔はピンと来た。これは彼女でも紹介されるに違いない。聰吉ももう今年で満二十二歳だ、そういうことがあってもいい年頃だ。潔は浮き立ち、珍しく洒落た開襟シャツを着て金曜の夜、上野の喫茶店へと向かった。潔は気づくべきだった、その喫茶店が鈴本演芸場のすぐそばにあるということを。

喫茶店「再会」に入ってゆくと、入口付近にうさんくさそうな若者がタムロしていた。潔は思った、どうせ彼女を紹介するんなら、もっと気の効いた店はなかったのかと。なにはともあれ、潔は聰吉に連れられて奥の席へと着いた。聰吉は腕時計をチラチラ見ながら、

「もうちょっとだから」

と言った。潔はうなずき、ニヤケそうになる顔を引き締めた。どんな娘が来るんだろうか……おれもついに年頃の娘っ子から「お父さん」なんて呼ばれる時が来たのだ。潔がそう期待に胸をふくらませていると、入口のドアに付いた鈴がチリンチリンと鳴って誰かが入って来た。

聴吉の彼女か……と思って見たら、違った。赤いシャツにジーンズ姿の若い男だ。入口付近にいた若者たちが一斉に立ち上がり、挨拶した。チンピラの親分だろうかと潔は思った。誰かに似ているような顔だったが、ヘンに目を合わせたら面倒なことになると思い、潔はそっぽを向いた。ふと気づくと、なぜか聴吉も立ち上がっていた。そして、その男が近づいて来る。聴吉が言った。

「談志師匠、お忙しいところ、ありがとうございます。これが、うちの親父です」

――ダンシ師匠⁉

潔はあらためて赤シャツの男の顔を見上げた。ダンシ……談志だ。テレビでよく見る「立川談志」だ。談志は言った。

「清水君のお父さんですか。初めまして、立川談志と言います」

潔は仰天して立ち上がり、頭を下げた。

「どうも、聴吉の父親です」

「まぁ、お父さん、座ってください」

談志はそう言うと、自分もソファーにどっかと座った。談志は振り返り、ウェイトレスに「コーヒー三つ」と言うと、またこっちを向いた。そしてもう本題に入った。

「お父さん、どうします?」

「はあ?」

「清水君は私の弟子になりたいと言っている。つまり、噺家になりたいと。でも、食っていけませんよ」

潔が何も言えないでいると、談志は頭をかいた。

「この世界は一部の人間しか食っていけません。あっちをご覧なさい」

談志はそう言って入口を指差した。怪しげな若者たちがタムロしているほうだ。

「あれは二つ目の連中です」

「えっ、あれ、みんな噺家さん……」

潔が思わずつぶやくと、談志はしかめっ面をしてうなずいた。

「あの連中、仕事がなくて、こんなところでゴロゴロしてるんです。そういう世界です」

潔が呆然としていると、談志は再び訊いた。

「どうします、お父さん」

談志は運ばれてきたコーヒーに口をつけた。潔はのどがカラカラだったが、コーヒーを飲む気にもなれず、考えた。考え込んだ末に言った。

「刑務所に入ったと思えば、まぁ、死んだと思えばあきらめもつきます」

一瞬の間があったあと、談志が噴き出していた。

「お父さん、何も刑務所ってこたぁありませんよ。それよりゃマシです」

こうして、聰吉の談志への入門が決まった。ほとんど知られていないことだが、実は談志の弟子一号だった。

喫茶「再会」からの帰り、電車のなかで潔は言った。

「談志さんに会うなら会うと、最初っからそう言えよ」

「……言ってたら親父、来なかったんじゃないか」

「おれはそこまでもの分かりの悪い人間じゃない。相手が談志さんって聞いてたら、せめてネクタイぐらいしてきたのによ、言わねぇんだから」

潔は冷汗とも脂汗ともつかぬ妙な汗を滝のように流し、ハンカチで拭きながらボヤいた。

六月になり、聰吉は会社勤務を続けつつ、退社時間後や休日になると立川談志の付人見習兼鞄持ちとなった。しかし、ここまで来た以上、そういつまでも会社に残っているわけにいかない。とうとう退職願いを出した。部長や課長から慰留され、二人とも清水家まで来て引き留めたほどであったが、聰吉の意志は強かった。

「弟子入りを承諾してもらった以上、気持ちは決まっています」

そうハッキリ言いつつ、ちゃっかり夏のボーナスはもらい、退社した。

聴吉の談志門下時代が始まった。噺家の弟子とはいっても前座未満である。これには聴吉も驚かされた。噺家は前座から始まるものと思っていたら、前座になるのにも時間がかかるのである。前座になれないということは寄席には出られない。これは困ったことだ。師匠談志に訊いたところ、事情が分かってきた。

当時、談志が所属する落語協会の会長は、人情噺の名人である三遊亭圓生だった。圓生は噺家志望者が増加していることに頭を悩ませていた。この時期、テレビの演芸番組などで噺家の活躍が目立ち、志望者があとを絶たなかった。が、来る者をどんどん前座にしていたら、楽屋がいっぱいになり、飽和状態になってしまう。順序としては、まず実力のある二つ目が真打ちになり、空いた二つ目の地位に前座だった者が昇格し、こうしてようやく新しい前座の席ができることになる。つまり、先輩が上がっていかないと、新人は前座にさえなれない。しかし、真打ちになれるのは、一年に二名程度でしかない。前座になれる者もそれだけ限られることになる。仕方がないので、会長の圓生は、しばらく弟子を採らないように各噺家に通達した。それでも聴吉のように噺家を希望する者は絶えず、師匠たちは無下に断わることもできず、こっそり弟子採りが続けられていたのである。思えば、のちの落語協会大騒動の要因は、すでに芽吹いていたのだ。が、それはまた、のちの話である。

この時の聴吉は、ただただせめて前座になりたくて、談志の鞄持ちをしていた。住み込みではなく、通いの鞄持ちだ。交通費はもらえたが、寄席に出られないし給料もない。食っていけない。そこで、師匠の許可を得て、夜のアルバイトをすることにした。ビルの清掃会社や築地の旅館で働いた。夜が明けて、眠い目をこすりながら、師匠談志の鞄持ちをする。よく怒鳴られた。

「バカやろう、もっと先へ先へと気をまわして動かなきゃダメだ！」

談志はピリピリしたところがあり、ちょっとしたことで爆発した。聴吉にとって不運だったのは、以前からいた例のマネージャーが非常に気の利く人で、しかも大卒で頭脳明晰で運転免許を持っていることだった。それに比べると聴吉なんかは何も知らない役立たずの若僧に過ぎなかった。とにかく怒鳴られまくった。あまりの怒鳴られように、へコみかけた。が、聴吉はふと、師匠の著書『現代落語論』の一節を思い出した。こう書いてあったのだ。

「怒鳴られる奴ほどものになる」

もっとも、これは談志が一番弟子である聴吉を採る前の記述だから、今現在どう思って怒鳴ってるのかまでは分からない。とにかく、この記述にすがって希望をもち、切り抜けてゆこうと思った。つらいうえに、まだ前座ですらないせいか噺を教わることもできなかったが、鞄持ちして行く先々で、高座のそでで談志の落語や漫談を聴けるのは大変勉強になった。噺にキレがあり、やはり才走るものを感じた。また、その人気のすごさに改めて驚かされた。テレビ局で談志の出待ちをしているファンが大勢いるのである。しかも、若い女性の追っかけがけっこういて、この人気は今までの噺家とは別格だなと実感。今さらながらに自分はすごい師匠についたものだと思った。

ある時、談志が腕組みしながらノートに何か書き留めていた。こっちに気づくと、談志は聴吉を招いて言った。

「おい、お前も芸人の端くれとして芸名が欲しいだろう」

「はあ……」

「ここから選べ」

談志はノートに書き連ねた名前をトントンと叩いた。聰吉はようやく認められたような気がして嬉しかった。「そう助」というのを選んだ。談志はうなずいた。

「そう助、なかなかいいじゃねぇか。で、先の話になるが家号はどうする。立川がいいか、柳家がいいか」

談志は五代目柳家小さん門下で、もとは柳家小ゑんを名乗っていた。師匠談志がもともと柳家だったんだから自分も柳家がいい……と、そう助こと聰吉は思ってしまった。

「柳家がいいです」

談志の顔色がわずかに変わった。

「柳家？　そうか、立川より柳家がいいのか」

あとから考えると、談志は自分の一番弟子が「立川」を選ばなかったのは、なんとなくおもしろくなかったのかもしれない。その実情は誰にも分からない。いずれにしろ、こうして「そう助」という芸人が歩み始めた。

同じ頃、昭和四十一（一九六六）年六月末。日本にビートルズがやって来た。イギリスの港町リヴァプール発の、音楽史・世界史に残るロックグループの日本上陸である。ジョン・レノン、ポール・マッカートニー、ジョージ・ハリソン、リンゴ・スターの四人が日本武道館で三日間、計五回のライブ演奏を披露した。一回のステージがたった三十五分という大変シンプルな内容だったが、合計五万人の観客が興奮、感涙、大騒ぎし、注目を浴びた。

そう助はテレビでその騒動を見つめながら自分もあんな大物になりたいものだと思いつつ、前年の「オール凸版家族慰安会」で自分のほうが一足早く日本武道館デビューしていたことに密かに誇りを持った。別に誰も誉めてはくれなかったが。

その年の夏。

噺家は弟子を採ると、自分の師匠に紹介することになっている。談志が多忙のため延び延びになっていたが、そう助こと聰吉も大師匠に紹介されることになった。師匠の師匠を大師匠と呼ぶ。談志の師匠である五代目柳家小さんは豊島区目白に住んでいる。この小さんが、そう助にとって大師匠になるわけだ。いつものように談志の鞄を持ちつつ、小さん宅を訪ねた。小さんは前座時代の芸名が顔の形から栗之助と名付けられたくらいで、確かに栗のような丸い顔をしていた。表情は温厚である。この時、五十一歳。小さんは談志に言った。

「おめぇが弟子を採るとはなぁ」

「いやぁ、こいつがどうしてもって言うんで、鞄持ちをやらせてるんですがね……」

そう助は小さんと会うのは初めてであったが、テレビの演芸番組で何度も見ていたし、大師匠ということでただただ恐縮していた。それにしても、談志とはまったく違って穏やかな人だった。一瞬、もしこの人の弟子になっていたら……と思った。が、小さんにはすでに二十名くらいの弟子がおり、巣立っていった者を除いてもこの時、内弟子一名、通いの前座三名がいた。そんな大所帯では、埋没してしまうだろう。そもそも、師匠を変えるなんて、できもしないことを考えてもしょうがない。あれこれ考えていると談志が言った。

「そう助。お前、俺のあとばかり付いてたってなんだから、鳴り物なんか教わるのにここへ通ったらどうだ。兄弟子がいっぱいいるから、いろいろ勉強になる。いいですよね、師匠。それじゃ、決まりだ。そう助、毎日通え」

そう助が何も言うこともなしに決まっていた。

そう助は、目白の小さん宅に通うこととなった。小さんの弟子から鳴り物の太鼓の打ち方を習ったり、ようやく噺のほうも教わることができた。前座未満の立場に変わりはないのだが、談志の罵声から距離を置くことができ、少しほっとした。

ある朝、小さん宅の掃除をしていると、奥のほうから、

「オリャー!」

というようなものすごい叫び声が聞こえてきた。びっくりしてそう助は駆けだしていた。

「ドゥーッ！」

「タァー！」

そこには、真新しい道場があった。剣道場だ。そう助は目を見張った。まさか個人宅にこんな立派な剣道場があるとは。小さんがかけ声も高く、竹刀を振るっている。そう助が呆然として見詰めていると、小さんが気づいてやって来た。

「おぅ、そう助。どうした」

「いや、こんな道場があるなんて、知らなかったもので……」

「俺ぁ剣道が大好きなんだ。いいか、そう助。落語も剣道も間が大切なんだ」

「はい、高校時代を思い出します」

「高校時代？　おめぇ、剣道やってたのか」

「はい、剣道部でした。初段止まりですけども」

小さんは満面の笑顔になり、言った。

「そうか。じゃあ、おめぇも剣道やるか」

「いいんですか？」

「いいも何も、道場があるんだから」

そう助はさっそく防具を付け、竹刀も借り、小さんと向き合った。お互いに一礼し、竹刀を振るう。小さんの構えには隙がなかった。さっきまで穏やかだった小さんが、壁となって立ちはだかったように感じた。そう助はちょこちょこと小手を狙っていったが、簡単に弾かれてしまう。隙がないので、それ以上、どうにも動けない。しょうがなく、

「ドリャー、メーン！」

と叫んで小さんの頭上に打ち込んだ。が、軽くいなされ、逆に面を打ち返されてしまった。完全な一本だ。小さんは言った。

「無理に出ていくと打たれちまう。落語も剣道も同じだ」

落語でも無理に笑いを取ろうとすると、お客に受け容れられないという意味なのだろう。小さんは本当に剣道が大好きで、なんでもかんでも剣道の極意を落語に置き換える癖があった。あとで知ったことだが、小さんは北辰一刀流の免許皆伝者で、できれば剣道で食っていきたかったのだという。落語と剣道、どちらかを強いて選べと言われりゃ剣道を取ると公言するぐらいだった。しばらく打ち合ったあと、小さんは面を外し、言った。

「お前さんは強くはないが、まぁまぁ筋がいい。またやろうじゃないか」

「はい！」

久し振りにいい汗をかき、そう助は晴れ晴れとした気持ちで答えた。小さんに気に入られたらしいことも嬉しかった。

その年も暮れが近づいていた。そう助は小さん宅に通いながら旅館の雑用アルバイトを続けてい

た。どうにかこうにか食いつないでいるような有り様だった。師匠談志と会う時間はめっきり減ったが、それでも本来は談志の付人見習兼鞄持ちなので時々は仕事に同行する。年末の談志はことさら忙しかった。テレビ局や寄席出演、独演会、果てはクラブやキャバレーの司会まで。目が回る忙しさだ。

ある時、移動の最中、突然、談志がイラ立たしげに頭をかきながら言った。

「俺、忙しくてね、弟子育てている暇ねぇんだよな」

確かに忙しい。それにしても、これはどういう意味なのだろうか？　そう助は耳を大きくした。

「お前、落語やりたいんだよな」

「はい」

「俺のところにいると先行き見通し付かねぇぞ」

「え？　師匠に付いてちゃダメなんですか」

そう助は目の前が真っ暗になった。次に談志が続けた言葉を、そう助ははっきり憶えている。

「名選手かならずしも名コーチならず。俺は弟子育てるのには向いてねぇや。俺は自分ではやるけども人を教えるのはどうもなぁ」

しばしの沈黙のあと、談志は言った。

「お前、小さん師匠にハマッてるようじゃねぇか。師匠だったら入門できるように紹介するけども、どうだ」

どうもこうも、そう助は口出しできるような立場にない。

「……師匠にお任せします」

それだけ言うのが精一杯だった。

「明日、人形町末廣で師匠と会うから、そん時に話す。お前も来い」

「はい」

そう助の運命が動き始めた。

(12)師匠談志に捨てられて

その日、人形町末廣で談志は自分の出番が終わると、小さんの前へとそう助を引っ張っていった。

談志はそう助を指した。

「師匠、これ、うちじゃダメだから」

それを聞き、そう助は目の前の風景が崩れてゆくような気持ちになった。小さんも突然のことに驚いた様子で、丸い顔を一段とふくれさせて、

「ダメって……どうすんだよ?」

「うちじゃダメなんですよ、持て余してんですよ」

「おめぇが人のことダメだって言える柄じゃねぇじゃねぇか!」

小さんの一言に、談志は肩をすくめるようなしぐさをした。奇妙な沈黙が場を支配する。その静けさを振り払うように、小さんは言い放った。

「じゃあ、うちに寄越せ！　うちの弟子にするから」

談志は顎をひとかきし、そう助に言った。

「お前、そういうことだ」

こうして、そう助は落語界でも非常に珍しい師匠代えをすることになった。師匠の病気や死亡のため他の師匠に付くという例はあるが、ある師匠から言わばクビを宣告されて他の師匠に付くというのはたいへん稀である。

年末の朝、そう助は父・潔と母・初江を連れて小さん宅を訪ねた。入門の挨拶である。そう助はもうすっかり小さん宅になじんでいたが、正式入門となると、さすがに緊張した。おかみさんに挨拶をして親子三人、座敷で師匠を待った。しばらくすると、

「あ〜、いい気分だ」

とか何とか言いながら、小さんが丸裸で現れた。どうやら朝風呂に入っていたらしい。まん丸な体で、まるで野狸のようだった。潔は、

「うぉっ」

と低く叫び、初江は、

「わ〜」

と情けない声を上げた。小さんも小さんで驚いた様子で、

「な、なんだ⁉」

あわてて股間を隠した。そう助は頭を下げ、

「入門のご挨拶にうかがう日ですので……」

と言った。小さんは、

「あ、そうか」

と答えて、でかいしりをこちらに向けて部屋を出ていった。やがて、何事もなかったかのように着物を着て戻ってきた。そして小さんは、まえに談志が言ったのと同じように、

「お父さん、お母さん、この世界では食っていけませんよ。それでもいいんですか」

と諭した。潔は答えた。

「こいつは一度死んだんです。談志師匠のところで一度死にました。小さん師匠のおかげで息を吹き返しましたが、もうどうなろうが本人の好きにさせたいと思います。勝手ながらどうかお願いいたします」

小さんは笑った。

「談志んとこで死にましたか。そいじゃ、あたしにも責任がある」

小さんは茶を一服し、続けた。

「あたしも前の大戦では仏領インドシナ、今のベトナムで死にかけました。隣にいたやつが榴散

弾を食らいましてね。こう言っちゃ何ですが、運も実力のうちです。そう助はツイてますよ」

そう助の入門が許可された。確かに、そう助は幸運だった。談志に捨てられたが、小さんに拾われ、剣道をやっていたおかげで気に入ってもらえた。世の中、何がどう転ぶか分からない。それだけではなかった。まもなく年末の「柳家小さん一門会」が人形町末廣で開催されることになっており、そう助は初江が縫ってくれた着物を着て会場準備の手伝いに行ったのだが、開幕数分前になっていきなり立前座(前座頭)の小丸(のちの柳亭金車)がやって来て、

「お前、噺覚えたんだろ、高座上がれ」

と言われてしまった。思わず、

「は、はい!」

と答えていたが、まさかのご指名でそう助、大混乱。とにかく言われるがままに高座に上がっていた。小さん一門会ということで、まだ前座の出番だというにも関わらず(そう助は今もって前座未満であるが)けっこうお客が入っていた。そう助、大緊張である。お客の視線が突き刺さる。

何を話すかさえ決めていなかったが、まえに二つ目のさん治(のちの十代目柳家小三治)から「道灌」という噺を習ったのを思い出し、話し始めた。「道灌」とは、かつて江戸城を築城した太田道灌のことで、彼を登場人物の一人として兼明親王の和歌「七重八重　花は咲けども　山吹の　実のひとつだに　なきぞ悲しき」の意味を笑いのうちにひもとく前座噺である、などということさえ、そう助は舞い上がって分からなくなっていた。頭は真っ白のままフル回転し、気づいたら最後まで

話し終わっていた。お客に頭を下げ、フラつきながら立ち上がり、そう助は高座を降りた。とりあえず拍手が起きている。舞台袖から出てゆくと、小丸が笑って、

「お前、よくサゲまでやってきたな」

と誉めてくれた。これがそう助の初高座ということになった。初高座というものはたいてい誰でも緊張するもので、サゲ(落ち)まで行かずに途中で降りてきてしまう人もいる。上手い下手以前の問題で、最後までやめないで一席喋るということが大事なのだ。そう助はまた何とか一歩進むことができた。


年が明けて昭和四十二(一九六七)年。初高座を一応成功させたものの、そう助の前座未満という立場は変わらない。地味な生活が始まった。出勤というのもヘンだが、師匠小さんの家にお勤めに行くのが毎朝九時頃。挨拶して入り、最初にすることが小さんの内弟子を起こすことである。当時は、前座の小よし(のちの柳亭小燕枝)が内弟子だった。

「兄《あに》さん、起きてください。兄《あに》さん!」

そう助が揺さ振り起こすと、小よしは渋々目覚めて、朝食の支度を始める。おかみさんが前年に頭をケガした影響で、この頃は炊事のすべてを小よしが担当していた。小よしは師匠小さんが玉子焼きを好きなことを心得ており、毎朝必ず玉子焼きを作るのが習慣になっていた。それは先代の内弟子からの伝統であった。ところが、ある朝、小さんは言った。

「俺が玉子焼きくれって言うまでもう出さないでくれ」

小さんはせっかく内弟子が作ったものだからと、しょうがなく毎朝食べていたのであった。

さて、そう助は他の三名の通い弟子とともに掃除をする。十時頃になると小さんが起きてくる。しかし、すぐに食事はしない。小さんはまず例の道場で木刀の素振りをするのである。ブンブン元気に素振りしたあと、朝風呂に入る。なんだかんだで朝食を摂るのは正午頃である。師匠はこたつのある居間で食べ、弟子四名は台所で食す。寄席の昼席《ひるせき》に出る兄弟子《あにでし》は昼前に出かけるが、そう助は何もすることがない。そこで、おかみさんのお使いをしたりする。そうこうしてるうちに、二つ目の先輩が来る。その先輩から、鳴り物の太鼓の打ち方や噺を教わるのである。

基本的に、師匠小さんは噺を直接教えることはない。昔は弟子の数が少なかったこともあり、よく教えていたらしいのだが、この時は二十名を超す大所帯になっていたし、小さんは仕事と剣道で忙しくて、噺を教える暇がなかった。しかし、ある時、小さんが言った。

「おい、これから稽古するぞ」

そう助や小よしはどよめいた。

「師匠の稽古を受けられるぞ！」

一同は勇んで着物に着換え、扇子を持ち、座敷に並んで正座して待った。やがて小さんがやって来て言った。

「おい、何してる？」

「え？　稽古を……」

「そうだ、稽古だ。早く稽古着に着換えてこい」

「え？」

一同、呆然。小さんの言う稽古とは剣道の稽古だった。それほど小さんは剣道が大好きだったのである。当時の小さんの教育方針は、寄席に行って高座の袖で聴いて覚えろ、覚えたら聴いてやるというものだった。ただ、一度だけ、

「稽古つけてやる。噺の稽古だ」

ってことがあった。これは嬉しかった。みんなで小さんの前に並んで座り、例の「道灌」を習った。そう助はすでに覚えている噺だったが、やはり小さんから直接教わるというのは格別だ。小さんが演じると、人物描写が豊かで活き活きとし、背景の描写も的確で無駄がない。決して派手な演出はなく、むしろ地味なくらいだが、聴き手はごく自然に笑えるのだ。大変貴重な体験だった。が、何とこの時以来、そう助は小さんから直接稽古を受けることはなかった。しかし、他の弟子たちも似たようなものである。その代わり、よその弟子が小さんに習いに来た時に、密かに聴き、何とか覚える。噺家はよその師匠に習いに行くのは了解さえ得れば自由なのである。

ただ、前座未満のそう助はまだ寄席への出入りが許されてなくて噺に触れる機会が少なく、雑用の時間が多く、それに築地の旅館のアルバイトも続けていて疲労甚だしかった。夕方になると、旅館に行く。わずかに仮眠を摂り、早朝五時頃まで働き、そしてまた師匠宅へと向かう。疲れのため

に、朝の掃除中、つい横になってしまったことがあった。内弟子の小よしが玉子焼きを作りながら怒った。

「冗談じゃないよ、寝てる場合じゃない！」

すると、おかみさんが、

「この子は夜中働いて大変なんだから、寝たかったら隅で寝れるようにしてやんな」

助け船を出してくれた。小よしはブツブツ言いながらもしょうがなく玉子焼き作りに集中していた。


こんなふうにしてこの年はまったく寄席とは縁がなく過ぎていったが、一度、小さんの岩手県盛岡市での公演に鞄持ちで同行したことがあった。嬉しいことに、前座扱いで一席演じさせてもらった。初高座の時ほど緊張することもなく、お客の反応もまあまあであったが、ありがたくも出演料を戴くことができた。

旅の途中、こんなこともあった。通りがかりの女性たちが小さんを指差して、

「あっ、あれ、あの人」

「あっ、ほんと。落語家の……」

小さんはそう助に囁いた。

「聞いてろよ、ぜったい小金馬だって言うぜ」

すると女性たちは、

「小金馬！」

「そうそう、小金馬よ！」

それを聞いて小さんは自嘲気味につぶやいた。

「ほら、な」

小さんも三遊亭小金馬（のちの四代目三遊亭金馬）も丸顔で、ちょっと似ていた。この前年まで小金馬はＮＨＫの「お笑い三人組」という番組に長く出演し、人気があった。そのため、小さんはよく間違われていたのだ。小さんは落語愛好家のなかでこそ高名だったが、当時、世間一般にはテレビの影響から小金馬のほうがずっと知られていたのである。小さんの顔と名前が一致して世間的にも広まったのは、永谷園の即席みそ汁「あさげ・ひるげ・ゆうげ」のコマーシャルに長期出演した頃であろうか。噺家が名前を売るのは、名人級の者でも簡単なことではない。

ある日、小さん宅に談志が来た。談志は小さんの弟子だからいつ来てもおかしくないのだが、気になったのは、一人の青年を連れていることだ。談志はそう助に気づくと、気まずそうな表情をして手を掲げ、

「よお、がんばってるかい」

と言った。そう助は丁重に挨拶を返した。談志は青年を指差した。

「こいつを今度うちの弟子にするから。ま、君にはいろいろ言ったかも知れないけど、どうしてもって言うからね」

そう助は談志の発言を思い返した。

「名選手かならずしも名コーチならず。俺は弟子育てるのには向いてねぇや、俺は自分ではやるけども人を教えるのはどうもなぁ」

たった半年ほど前に、談志はそう言ったのである。談志と青年は小さんに挨拶するべく座敷へと入っていった。これ以後、談志は毎年のように弟子を増やしてゆく。ということは、談志とそう助はよほど相性が悪かったのであろうか。しかし、考えてみれば、この時まだ談志は三十一歳だ。そう助の時は初めての弟子採りで、勝手が分からなかったのかもしれない。そう助との半年、そしてそう助をクビにしてからの半年で、談志も何か思うところがあったのだろう。そう助は多少は恨みがましく思ったりもしたが、談志との出会いがあってこそ、小さん門下にいられるわけで、むしろ感謝しようと思った。それどころか、談志に破門されてよかったとさえ思う日が来るのだが、それはまただいぶあとの話である。

その年の暮れ、耳寄りな情報が入ってきた。他の師匠の門下で、そう助と同時期に入った弟子が、正月に前座になるというのだ。同期が前座になるんだから、そう助も前座になれるはずだ。そう助は正月を待ちわびた。

⑬ようやく前座に

そして、待ちに待った昭和四十三（一九六八）年正月。そう助は、前座になれなかった。なぜそう助は前座になれなかったのか。師匠連で集まって話し合いで決めることだから、よく分からない。ここで、当時二つ目で小ゑんを名乗っていた小さんの息子（のちの六代目柳家小さん）が、父・小さんに、

「師匠、なんでそう助、寄席に出るようにしてやんないの？」

と訊いてくれた。小さんの返事は、

「ああ、そうか」

だった。ただ単に申請を忘れていたらしい。おおらかな小さんらしいが、あんまりおおらか過ぎるのも困ったものである。小さんは落語協会の事務員に話を付けてくれて五月には前座になれることが内定した。そう助は思った。

「そうか、あと半年足らずで前座になれるんだな」

半年経つのは早かった。同年5月、そう助は今度こそ前座になれた。そう助、二十三歳。昭和四十一（一九六六）年六月に談志門下に入り、まもなくクビになり同年十二月に小さん門下に移って、

こうして前座になるまで約二年。ようやく前座になった。前座になるだけでこんなに大変だとは思いもしなかった。

前座になって「かけぶれ」をもらったのが嬉しかった。「かけぶれ」とは、寄席の出演日程と場所を知らせる紙片である。「五月上席《かみせき》・上野鈴本」と記してあった。上席というのは一日～十日までのことで、十一日～二十日までが中席《なかせき》、二十一日～三十日までが下席《しもせき》である。この「かけぶれ」こそが前座になった、寄席に出演できる証だった。そう助は飽きずに「かけぶれ」を眺めた。この「かけぶれ」は記念に取っておこう。

前座になったというのは大きい。寄席に出演できるのだ。当時は東京の浅草・池袋・上野・新宿・人形町の五カ所にある定席《じょうせき》(毎日上演している寄席)に、それぞれ二人～五人程度の前座が付いていた。前座の出番は各十日間の日程のうち一人二回ぐらいしかないが、出演できるのだから大したものだ。給金もちゃんともらえる。とはいえ、やはり前座は前座でしかなく、「噺家」というよりも「噺家の卵」という扱いである。芸名は付いているけども、プログラムには名前が載らない。ただ、当時は新聞の夕刊に、現在の映画欄のような体裁で寄席の番組表が掲載されており、スペースの都合かごくたまに前座の名前も載ることがあった。

「あった！」

そう助は自分の名前を見つけた時、有頂天になった。

そんな小さな喜びはあるものの、毎日の仕事は大変だ。前座は自分の出番がない日も出勤し、高座返し（座布団返し）やめくり（見出し）をめくる作業のほか、出囃子の太鼓をたたいたり、先輩の着物を畳んだり、お茶を入れたりと、様々な仕事が延々と続く。そういう雑用の日々が嫌になったり、依然として先行き不透明なことに不安を覚えて辞めてゆく者もいる。小さん門下でもこの一年ばかりでそう助のあとに入門してきて芸名をもらったのに辞めていった者がいた。よほどの落語バカじゃないと続けられない仕事なのである。

仕事は大変だが、落語バカのそう助はなんとか前座を続けられた。噺を覚えるのにもいっそう力を入れた。いろいろな師匠や兄弟子に習いに行ったが、特に厳しかったのが、まもなく十代目柳家小三治になろうとしていたさん治である。将来を嘱望されている噺家だった。まずはさん治が手本を見せる。噺が終わると、

「じゃあ、そう助、やってみろ」

「はい。えぇ～、若い者が集まるってぇと……」

「その、〈えぇ～〉は余計だ」

「はい、ダメ。じゃ、ここまでもう一遍やってごらん」

ひと言目からダメ出しである。ダメ、ダメ、ダメ、とダメ出しだらけ。

ちっとも噺が進まない。

「ダメ。おい、どういうつもりでやってるんだ。今のせりふどういうつもりで言ってるんだ」

「はぁ、若旦那が恰好つけてるつもりで……」

「そんなんじゃダメだ。小さん師匠はこういうふうにやってる、俺はこうやってるんだ。え？ ただ喋ればいいってもんじゃねぇ」

いちおう前座として客前で演じて多少は笑いも取り、自信過剰になっていたのが、

「落語ってそんなに奥深いものなのか」

と、打ちのめされる思いがした。稽古は厳しいが、授業料は只《ただ》、オマケに稽古後に御馳走になったりして、ありがたいことではあった。

⒁「新落語協会」決起計画

その頃、世間は騒然としていた。学生運動が最盛期を迎えていたのである。そう助が前座になったのとちょうど同じ五月、日本大学にて国税庁による使途不明金二十億円摘発を発端とし、学内民主化を求めるデモが初めて開催された。日大全共闘（全学共闘会議）が大学当局との交渉を要求し、約七千人が参加して各学部がバリケード・ストライキを実施。機動隊が出動する事態となり、負傷者・逮捕者が続出した。対立は十月頃まで激化の一途をたどる。また同月には、国際反戦デーがあり、この時も学生と機動隊の激突が繰り広げられた。新宿駅構内で全学連（全日本学生自治会総連合）など約五千人が群衆一万人余りを巻き込んで大集結、駅を占拠・破壊した。学生が「人民の勝利」を叫んで戦っていたその時、そう助はすぐそばの新宿末廣亭で前座として働いていた。末廣亭

の近くの交番が放火されたという情報も入ってきて楽屋は一時緊迫した。ここまで来たら、寄席にまで火炎瓶が投げ込まれるかもしれない。が、かりそめにも庶民の側である寄席にそんなことする奴はおるまいと噺家一同は平静を保っていた。こんな時にというか、こんな時だからこそというべきか、客の入りはけっこうなものだった。寄席が終わると、そう助は大騒乱を遠巻きにしつつ帰宅した。何やら血が騒いだが、せっかく前座になったばかりの身で市街戦に参戦して負傷するわけにもいかない。翌朝、また新宿末廣亭へと向かうと、道すがら前夜の破壊の痕跡がそこかしこに見られた。機動隊がまいた催涙ガスが残留していて、目がかすむほどだった。年が明けてもなお闘争は続き、昭和四十四(一九六九)年一月、東大の安田講堂において激戦。機動隊八千五百人、さらにヘリコプター四機までもが催涙弾投下のため出動するという大規模な闘争が展開され、人々を驚愕させた。熱く煮えたぎるような時代だった。

テレビのニュースでそのような大騒動を見ているうちに、ついにそう助も燃え盛る血潮を抑え切れなくなり、

「落語協会を民主化せよ!」

人前で叫んでいた。人前で叫んだといっても、群衆の前ではなく前座仲間二人の前で、しかも場所は寄席の近所の喫茶店である。

「そうだ!　落語協会は旧態依然としている。体質改善するしかない」

前座仲間の一人、ぬう生《しょう》(のちの三遊亭円丈)が応じた。ぬう生は明大中退。三遊亭圓生の弟子で、やがて新作落語で名を馳せるくらいだから、この頃からすでに落語協会の体質の古さに辟易していたのだ。もう一人の前座仲間、玉子焼きの名人・小よし(のちの柳亭小燕枝)が喝采を送る。

「んだ、んだ。協会は古過ぎる」

そう助はコーヒーカップをテーブルにドンと置き、続けた。

「日本は、世界は、変わっている! なのに、協会だけ今まで通りでいいのか? 明治生まれの師匠が幅をきかせて古くってどうしようもない」

ぬう生がうなずき、言った。

「ろくな教育も受けてないんだ。そんな幹部連中に協会運営は無理だ。体質が封建的過ぎるのである!」

「んだ、んだ。封建的過ぎる」

拳を振り上げる小よし。そう助はますます批判のトーンを高める。

「落語が古いものだからって、協会も古いままでいいはずがない。上意下達で師匠に反論も許されない古くさい協会を変えて、自由に話し合える民主的な組織にしなければ存続さえ危うい!」

「こんななかに明日への展望はない。今の落語協会ってのは、原始共同体的な親睦団体でしかない。幹部会は未開集落の首長同士の懇親会みたいなもんだ」

そう言ってぬう生が立ち上がると、小よしは拍手した。

「んだ、んだ」

ぬう生は提案した。

「落語協会プロダクション計画ってのはどうだ。今の協会員は結局、芸人それぞれの個人営業だろう。それをプロダクション化する。そうすれば、吉本興業に対抗し、テレビ業界に斬り込むこともできる！」

そう助は思わず舌を巻いた。そこまでは思いつかなかったのだ。ぬう生が言っているのは、今の落語協会とはまったく異なったシステムの、すなわち新しい落語協会をつくることに他ならなかった。言わば落語協会に対するクーデターである。三人の前座たちは目を合わせた。希望に燃える炎が、そこにあった。

決起の日が決まった。

新落語協会の決起式が行なわれることになった。そう助は機動隊と戦う若き学生闘士のような気持ちで、待ち合わせ場所の喫茶店に向かった。ちょうどぬう生がやって来たところで、二人は示し合わせたようにうなずき合った。落語界の歴史を変えるのだ。催涙弾をぶち込まれるようなことこそあるまいが、師匠連の抵抗はすさまじいものとなろう。それこそ、涙を流すほどの痛みを伴なうかもしれない。それもまたやむをえまい。二人は覚悟を決め、小よしを待った。待った。待った。待ちに待った。小よしは来なかった。小よしは内弟子として小さん宅で寝泊まりをしている。そう助とぬう生は様子を見にいった。庭をのぞくと、小よしが雑用してるのが見えたので、そう助は声をかけた。

「どうしたの、待ってたんだよ！」

小よしは出てきたが、

「俺はいいよ、二人でやってくれよ……」

気まずそうに言った。ぬう生が必死に抗議していたが、そう助は急速に醒めてゆく自分を感じていた。脱落者が出るともろいものである。その後、そう助とぬう生で多少の議論を重ねた結果、「時期尚早、今は暫の稽古に励もう」というようなことになった。

新落語協会は空しくも決起前に潰え、幻に終わったのだった。それ以来、ぬう生は小よしを「日和見主義者」と呼び、対する小よしはぬう生に「この新左翼め」と返すようになったが、決して仲は悪くないのが不思議だ。そう助はこの未遂事件とさえいえない一件を、己の若さゆえの迷いだったか……とも思ったが、志は間違っていなかったと、思い続けることになる。

また、新落語協会は別のかたちで実現することとなるのだが、それはまったくそう助たちの志とは違うものであるし、しばし先の話である。ただこの時はまるで学生闘争と同じように、新落語協会創設計画は雲散霧消してしまった。前座三人では所詮無理だったとはいえ、残念なことであった。

昭和四十五（一九七〇）年。

この年は三月～九月まで大阪で日本万国博覧会が開催され、経済大国としての日本のイメージ・

影響力が世界的にも広まった記念すべき年だった。

万博開幕の少し前、一月中旬のこと。これから万博が盛大に幕を開けようというその前に、人形町末廣が百年余りの歴史に幕を降ろした。東京大空襲の惨禍を寄席としては唯一逃れ、そう助が初高座を経験し、多くの噺家たちもたくさんの想い出をもっている寄席が閉幕したのだ。その背景には、テレビが行き渡ったことや、娯楽の多様化があるかもしれない。そんななかで健闘していたものの、人形町末廣は寄席の立地としてはあまり条件がよくなく廃業に至ったのである。ちょうどそう助はその頃、人形町末廣に前座配属されていた。廃業の話を聞き、毎日大勢の客が押しかけた。そう助は歯がゆかった。大入りは大変ありがたいけれども、一時的に盛り上がるだけだ。百年余りの歴史が今、途絶えようとしている。人形町末廣は全席畳敷きで、幕末維新期の大江戸東京の風情を伝える寄席で、文化財として保存するような動きもあったが、実現には至らなかった。そう助は満員御礼の寄席を見つめながら、その歴史と自分の初高座の場が一緒くたに消えてなくなることに無常を感じた。あらためて自分の身の上がひどく心細いもののように思えてきた。

そう助はこの頃、ようやくバイトをしなくても食べてゆけるようになり、狭い四畳半に一家がひしめく生活から脱け出し、親戚から部屋を借りて暮らしていた。ところが幸い、日本の高度経済成長とともに父・潔の懐が多少潤ってきて、清水家は江戸川区小岩の、いくぶん広い借家に住めるようになった。そう助は再び実家で暮らすことにした。久々に潔と銭湯に行った。そう助は潔の背中を流してやった。もともと体の小さい父だったが、こんなに小さかったのかと、驚きとも途惑いともつかぬ感情を抱いた。潔は今年で五十七歳になる。そう助は二十六歳だ。銭湯からの帰り、屋台のラーメン屋で飲んだ。そう助は、言った。

「知ってると思うけど、人形町末廣が潰れたよ」

「そうか」

潔は杯を傾けながら静かにそう応えた。そう助は続けた。

「実は他にも経営が危ない寄席がある」

そういう噂があった。寄席がなくなるというのは、一般の人にとっては歴史や郷愁のシンボルが一つ消えるに過ぎないが、噺家にとっては仕事場がなくなるということであって死活問題である。

潔は今度はわずかにうなずいた。沈黙が屋台を包む。だいぶ経ってから潔は言った。

「お前、入門してから何年になる」

「……小さん師匠のところに移ってから三年ちょっと」

「そうか、もう三年経つか。石の上にも三年というが、確かに三年で前座になれたことだし、三年もったんだからもう続けるしかないなぁ」

潔はおもむろに酒を飲んだ。そう助はしばらく考えていたが、一気に酒を飲み干し、言った。

「うん。もう続けるしかない」

そう助は父が悩みを聴いてくれたとともに、そう助を噺家（の卵）として認めてくれたような気がして嬉しかった。

その年の春。八代目柳家小三治としてだいぶ前に廃業し、落語協会事務長を務める高橋が、そう助を指差して言った。

「今度、立てにするから、頼むよ」

「えっ、本当ですか」

そう助は立前座になった。立前座とは、各寄席に一名いる前座頭のことだ。その日の興行を仕切り、芸人の出番を差配し、ネタ帳を付け、一日置きにワリ(寄席の出演料)を分配する、楽屋の支配人役だ。立前座は「二つ目」の噺家になる前に誰もが通る道で、そう助も噺家としてやってゆくには当然その役目を果たす時が来るのを分かってはいたが、思っていたよりも早く来たので驚いた。

夏、そう助は立前座として働き始めた。最も大変だったのが芸人の出番のやりくりだ。建て前としては、立前座が仕切るとおりに(プログラムどおり)、順番に芸人が出てくることになっている。が、そう簡単にいかないのが寄席だ。偉い師匠や売れっ子の噺家が急に飛び込んできて、

「今日は掛け持ちなんだ。すぐ出させてくれ」

なんて言って割り込んでくる。そうなると、立前座は他の師匠にお願いして出番をずらしてもらわなければいけない。割り込みの常連の一人が大人気の初代林家三平。ただ、三平は低姿勢だった。

「もうすぐテレビ出演があるんです。このあと上がらせてくださいよ～」

そういって、前座たちにお小遣いをくれる。しかも五百円とか千円だ。当時の前座の日給が五十円とか百円だったことを考えると、その金額がそうとう高いのがお分かりいただけよう。そんなわ

けで三平は前座にも人気があった。さて、もう一人、割り込みの常連がいた。かつてのそう助の師、立川談志である。

「おい、俺このあと上げろ」

と、ぶっきらぼうに談志が言う。そう助は慌てる。

「ちょっと待ってください、今日は代演が多くて……」

「じゃ、俺、帰っちゃうぞ」

「いや、それは困ります」

「じゃあ、はやくしろ、それがお前の仕事なんだ」

ドンとにらみをきかせ、できるだけせかせる。お小遣いなんか絶対にくれない。

そう助のほぼ同期に、林家九蔵(のちの三遊亭好楽)がいる。そう助と同じ頃に立前座をしていて、こんなことがあったという。小さんと、八代目林家正蔵(のちの彦六)が、どちらも「次は俺を上げろ」と主張してきた。そして、二人はどちらも自分が次だと思っている。さて困った。立前座は、次の演者にネタ帳を渡さなければならない。ネタ帳を見て、演者はその日のそれまでのネタとかぶらないように、チェックするのだ。つまり、ネタ帳を手渡されたほうが次の出番になる。小さんも正蔵も自分が次だと信じて疑わない。すぐにも出演できるように並んで座っている。九蔵はネタ帳を小さんに渡したか、それとも正蔵に渡したのか。なんと九蔵は、並んで座る小さんと正蔵の真ん中に、ネタ帳を置いたのである。これで決まった。正蔵が怖い顔をしてしわがれ声で、

「次は俺だからぁ〜」

と、立ち上がったのだ。小さんも立ち上がりかけていたが正蔵のほうが先輩なので、

「しょうがねぇなぁ」

やむなく譲ったのであった。

こんなふうに、立前座はクセ者揃いの芸人たちを相手に進行管理に苦労する。出番に変動がなくても、ある噺家が五分長く話してしまうと、その分を後続の芸人たちに「短めにお願いします」などと頼み、時間調節しなければならない。しかし、最悪の事態もある。交通事情か何かで出演者が途切れてしまう、いわゆる「穴があく」という状況だ。こういう時、小さんとネタ帳争いをした林家正蔵は、同じ噺を五分でも三十分でも演じ切ることができるという特異な腕前で、穴を埋めることができた。また昔の逸話では、立川談志・古今亭志ん朝・三遊亭圓楽と並ぶ若手四天王の一人である春風亭柳朝が前座の時、わざと穴をあけ、自分が高座に上がって噺をしたというから、すごいものだ。噺をしたくてどうしようもなかったらしい。


昭和四十六(一九七一)年六月、第九回参議院議員選挙が実施され、立川談志が立候補した。さん八もビラ貼りに動員された。

二年前の衆議院議員選挙でも談志は立候補したが、違う選挙区で演説をしてしまったり、応援演説した林家三平に票が流れてしまったりと(もちろん無効票)、珍現象を起こして落選した。今回は

その雪辱を果たしたというべきか、何かの弾みですべり込み当選。選挙戦で「伝統を現代へ」というテーマを掲げ、遊郭「吉原復活」を訴えたのが効いたのかもしれない。落語家初の国会議員となる。そして、議員活動の合間に寄席にも出演して、集客に貢献した。

(15)桂文楽事件と二つ目大量昇進

八月末、一つの事件が起きた。国立劇場小劇場の「落語研究会」で噺を披露していた桂文楽が、「大仏餅」の途中で登場人物の名前を忘れてしまい、先に進めなくなってしまったのだ。楷書の芸、完璧主義の文楽は、

「勉強をし直してまいります」

と一言。頭を下げ、高座を降りてしまった。そう助は他の寄席で仕事をしていたが、すぐに楽屋に情報が伝わってきた。この事件はいち早く落語界を駆け巡り、全噺家の知るところとなった。

そう助は思った。桂文楽といえば名人、落語界の神様のような人だ。そんな人が、まだ勉強するってんだからやはり偉大だ。が、残念ながら文楽はこの年十二月に亡くなってしまう。享年七十八。

桂文楽事件の背景で、落語界に地味な事件が勃発していた。秋、落語協会の幹部会で二つ目昇進者を巡り、論争が起きていたのである。ここで、さっき名前が登場したばかりの林家正蔵と林家九

蔵がまた出てくる。この二人、師弟である。幹部会で正蔵が言った。

「うちの九蔵が今度、祝言を上げます。前座じゃかっこがつきません。二つ目にしてやろうと思うんですが、どうでしょう」

幹部一同は度肝を抜かれた。噺が上手いから……ではなくて結婚するから二つ目にしろ、というのである。わけが分からない。そもそも、噺家の昇進には香盤《こうばん》というランク付けがあって、基本的には入門した順に年功序列で、前座から二つ目へと上がってゆく。九蔵の前には、もっと前から前座になっている者が十名近くもいて、彼らを先に二つ目に昇進させないとおかしい。しかし、二～四名ずつしか昇進させないのが通常だ。格別に芸が抜きん出ているというのであれば、先輩たちを追い抜いて昇進することが可能だが、そういうわけでもない。九蔵の二つ目昇進は、ふつうならありえない状況なのである。

落語協会会長の三遊亭圓生は困惑しただろう。圓生は芸に厳しい人で、二つ目なら二つ目、真打ちなら真打ちに見合う技量がなければ認めない、という考えだったようだ。それに対し、正蔵は人情論で攻めてくる。まったく相容れない。人情噺で評価されているのは圓生のほうなんだが、こと協会の議論になると、正蔵が人情論で押してくることがしばしばであった。この時はどうしても正蔵が譲らず、結局、九蔵までの計十名を二つ目に昇進させることで決まった。泣くハメになったのが十一人目の男である。前の十名とほぼ同期でありながら二つ目になれない、はみ出し者がいたのだ。それがなんと、そう助だった。

幹部会の結果を聞いたそう助は、師匠小さんに詰め寄った。

「師匠、どうしておれだけダメだったんでしょう⁉」

小さんはなだめた。

「しょうがねぇやなぁ、決まったんだから。まぁ、なれないわけじゃないんだ。そのうちなれるんだから我慢しろ」

小さんは謙虚でおおらか過ぎた。他の師匠が「ぜひ自分の弟子を」というところでも何も言わない。よそから「小さんさんのあれはいい」と言われてようやく「あぁ、いいですか」とうなずくような具合である。実は、そう助のような目に遭った者が、かつていた。真打ちでの話になるが、例の立川談志である。昭和三十七(一九六二)年、若手四天王の面々が古今亭志ん朝・三遊亭圓楽・春風亭柳朝と、次々真打ちに昇進するなか、実力人気ともに充分なのに談志だけが一年遅れとなった。これもやはり、師匠小さんが謙虚でおおらか過ぎたせいであったと思われる。真打ち昇進の年次は噺家にとっては重大で、談志はこのことに永く不満を持ち続け、いずれ爆発する。が、それはまたのちの話だ。

今、哀れなのは、そう助である。かたや結婚するだけで二つ目になれ、もう一方はわけも分からず取り残される。こんなひどい話はない。二つ目昇進が決まったメンバーらとともに大塚のスナックに飲みにいったところ、誰かがそう助を指差して「こいつだけまだ前座なんだよ」と笑った。そう助、この時ほど屈辱を感じた時はない。そう助は悪酔いして暴れ、家に帰って男泣きに泣いた。

そんなそう助を救ってくれたのが、九代目桂文治だった。本名が留吉なので、留さんの文治と呼ばれた。

「なんでそう助だけ遅れてんだ、かわいそうじゃないか」

留さんの文治が正蔵にそう言ってくれたのである。正蔵は人情の人だから、その点、すぐに話を理解してくれた。問題は会長の三遊亭圓生だ。正蔵が圓生に電話をかけたらしいのだが、恐らく、圓生はあきれ返って聞いていただろう。そんなに二つ目を粗製濫造してどうする、という気持ちがあったに違いない。が、正蔵が、

「十人も十一人も同じようなもんだから」

と言った時には、もう脱力してしまったのかもしれない。圓生はそう助の二つ目昇進を許可した。

やがて圓生から小さんに電話がいき、そう助にも連絡が入った。そう助が師匠宅に駆けつけると、小さんは言った。

「お前も二つ目になれるらしいぞ。でもどうすんだ、手拭とか紋付とか、準備、間に合うのか」

二つ目として高座に上がるには、そういうものが必要になるのだ。間に合わせるしかなかった。急なので値が張ったが、とにかく店に注文した。発注してすぐに名古屋公演に出かけた。七代目橘家圓蔵に付いての仕事だった。そして、これが前座として最後の仕事になる。そう助は今まで以上に気合を入れ、圓蔵の世話をした。すると、圓蔵は一升瓶の酒を買ってくれて、

「十日間の公演だ。これ、十日間かけて飲みな」

と言った。別に深い意味はなかったようだが、そう助は言い付けを守った。千秋楽の日に圓蔵に飲みかけの酒瓶を見せて、

「師匠、あと一杯分だけ残っています」

そう言って、最後の一杯分をグッと呑み干した。

「師匠、ごちそうさまでした！」

すると、圓蔵の喜んだこと、喜んだこと。東京に帰ってきてから、

「小さんさんのとこのそう助はえらいねぇ。一升瓶の酒を一日一合ずつ飲んで、楽の日(千秋楽)にちょうどぜんぶ戴きました、と。気が効くねぇ、大したもんだ。さすが二つ目になるやつだ」

吹聴してくれた。七代目橘家圓蔵は小言が多いことで知られ、弟子や前座にはもちろん、果てはお客にまで、

「あのね～、お客さん。ダメだよ、ちゃんと聞かなきゃ～。こりゃ、いい噺なんだから」

と小言を言う、すさまじい人で、そんな圓蔵から誉められるというのは、そう助の前座最後の仕事として誇れることであった。

そして十一月。発注しておいた手拭や紋付が間に合い、そう助はかろうじて二つ目昇進の日に漕ぎ着けた。そう助は、二代目柳家さん八を襲名することになった。初代は九代目入船亭扇橋となっており、そう助と特に深い関係があったわけではないが、この時たまたま名前が空いていて、小さんの「さん」に末広がりの「八」の字が付いて縁起がいいとのことで襲名に至った。

さて、十一名の新二つ目が揃って紋付・袴を着て師匠連に挨拶に行く。ギリギリ存命していた楷書の桂文楽と、そしてもう一方の雄、草書の五代目 古今亭志ん生にもお会いできた。志ん生は二年後に死去、享年八十三。

新二つ目は東京の上野鈴本演芸場・新宿末廣亭・浅草演芸ホール・池袋演芸場という四カ所の定席に、お祝いとして各席十日ずつ出演できる。この時の上野鈴本での公演で、珍しいことが起きた。ふつう、二つ目になったからといって真打ちお披露目のような口上はない。せいぜい各噺家が自分の出番の時に「今度二つ目になりました柳家さん八です」と自己紹介するくらいである。ところが、ある日、客の入りがいいことに気をよくした小さんが、

「この際だから、緋毛氈を敷いて真打ち披露みたく口上やろうじゃないか」

と言い出したのだ。そして、それが実現した。深紅の敷物がピシッと敷かれた高座に十一名もの二つ目が居並び、何事かとどよめくお客に向かって小さんが声を発した。

「このたび、端から端までぜんぶ二つ目になりました。お客さま、よろしくごひいきお引き立て、お願いいたします」

ドォッと拍手が沸いた。さん八の噺家人生のなかでも最も思い出深い瞬間だったかもしれない。二つ目になれば、前座と違ってひとまず一人前、とりあえず立派な噺家だ。これから先、好きな落語で食っていく。未来は明るく見えた。

後から振り返ると、真打ちになった時よりも二つ目になった時のほうが喜びが大きかった……というのは、少なからずの噺家が感じることらしい。さん八もそうだった。なぜかというと、二つ目になると師匠宅や楽屋の雑用から解放され、自由になるからだ。毎日師匠の雑用に明け暮れていたのが十日に一遍程度、顔を出すだけでよくなる。また、高座に上がる時は、前座には着用が許されていない紋付・羽織・袴を身につけることができる。どうやら見た目は一人前の噺家らしくなってくるわけだ。

が、いいことばかりではない。二つ目になったからといって、急に仕事が来るわけではない。あちこちの先輩や師匠のところへ行って稽古して噺を憶え、人脈を広げ、自分で仕事を取ってこなければならないのだ。寄席の仕事が多少あるが、いつも出られるわけじゃないし、寄席のワリ(出演料)だけでは食っていけないのが現実である。そのうえ、落語協会は寄席以外の仕事の斡旋に積極的ではない。となると、本当に自分で仕事を取ってくるしかない。プロダクションに入る噺家もいるが、さん八は束縛されそうな気がして独自の道を摸索した。地道に先輩や仲間と一緒に巡業に出た。仕事は落語とは限らない。結婚式や歌謡ショーの司会もした。キャバレーでの司会までやった。

ちなみに、当時は二つ目に予備制度というものがあり、予備になった二つ目は出番がなくても楽屋に控えていなければならない。万一、「穴があいた」時のために、待機しているのだ。先輩や師匠連の噺を聴いたり、前座が忙しい時には鳴り物を手伝ったりというのが本当の予備の仕事だ。ちゃんとワリがもらえる。が、悪賢い者は電話で「行ったことにしてくれよ」と立前座に頼む。すると、星取表（出席簿）に○を付けてくれる。それで何もしないでワリをもらい、立前座に小遣いとしていくらかバックするなんて悪業が恒常化していた。業の深い者になると、寄席の近所の雀荘に籠もってワリの奪い合いをしているというありさま。そして、たまったワリを、あとから割り込んで来た談志がインチキ麻雀でガッポリ持っていってしまったりする。恐ろしい世界である。幸い、さん八は賭け事に疎かったので、そういう被害は受けずに済んだ。

(16) 政界模写と大量真打ち昇進

とにかく生活費を稼ぐという当たり前のことが大変だった。先輩や仲間の巡業に連れていってもらえるように、仲間内の催しでも目立つように心がけた。仲間内の催しとは、小さん門下の忘年会のほか、落語協会が開く夏の成田山宴会や、年納めに上野広小路の講談定席・本牧亭を借り切って行なう寄合である。

そういう会では必ず「若いもん、何かやれ！」という流れになる。そういう時、さん八はモノマネをやった。いわゆる楽屋オチで、東宝演芸場で働いているおじさん・おばさんとか、あんまり売れてない師匠の楽屋内行動、新宿末廣亭の大旦那と呼ばれる北村銀太郎のマネなど、落語業界の人にしか分からない芸だが、これがウケた。さらにさん八は声帯模写をもじって「政界模写」というのを編み出し、ほうぼうで披露した。吉田茂からの歴代総理大臣や、社会党委員長で刺殺された浅沼稲次郎など野党有名政治家を演じ分け、一人で国会予算委員会を再現するという趣向だ。ただマネるだけじゃなく、この人ならそういうことを言いそうだ、ってのをやる。これも大いにウケて、寄席でも披露しているうちに、「政界模写」を含んでの仕事が舞い込むようになった。落語だけでは、上には真打ち・名人がたくさんいて、とても食ってはいけない。さん八は「政界模写」も話芸の一つだと考えつつ、噺を磨いていった。

昭和四十七(一九七二)年。

この年は、賑やかだった。一月、前の大戦でグアム島で生き残りジャングルで自給自足しながら潜んでいた元日本兵の横井庄一陸軍軍曹が発見され、帰国第一声「恥ずかしながら帰って参りました」の「恥ずかしながら」が流行語になった。二月に北海道で札幌冬季オリンピックが開かれたかと思えば、五月には沖縄の日本返還が実現。六月、通産大臣の田中角栄が『日本列島改造論』を発表した。翌月、角栄は総理大臣に就任する。さん八の「政界模写」のレパートリーにはすでに田中角栄が入っていたので、寄席や巡業先で喝采を受けた。

そんな世相のなか、落語界にも変化が訪れていた。落語協会の会長が三遊亭圓生から柳家小さんに代わったのだ。実は順番から行けば、新会長は林家正蔵となるはずだった。が、圓生と正蔵はどうも折り合いが悪い。圓生は、まえに正蔵が「うちの弟子が今度、祝言を上げます。前座じゃかっこがつかないので二つ目にしてやろうと思います」などと言った時のことが忘れられなかったようだ。さん八もからんでいる例の大量二つ目昇進事件である。そんなような人情論で昇進を決めていたら、結果的に芸のない者を客に見せることになる。会長はいわば芸人の品質管理に責任を持つ立場にあるわけで、よその世界じゃ通用しない人情論を押し出す正蔵に会長の座を渡すわけにはいかなかった。そこで、圓生は新会長に小さんを指名したのである。

さん八は、自分の師匠が会長になることが誇らしかった。一方で、正直なところ、

——うちの師匠、大丈夫かなぁ。

と不安を感じた。小さんは真面目で、人がいい。組織の根回しなどとは無縁に思えた。

——圓生師匠の操り人形にされるんじゃないか？

まさに圓生の狙いもそこにあった。人柄のいい小さんの裏から、自分の思いどおりに協会を動かそうと考えていたようだ。ただ、それはあくまでも落語界の芸の質を高めたいという熱い思いが動機であった。

ところが、意外な事態になった。小さんは正蔵と同じぐらい、あるいは正蔵以上に人情派であることが分かったのだ。ふつう、真打ち昇進は一年にせいぜい二名程度でしかない。それを、小さんは、翌年の春と秋とで合計二十名を真打ち昇進させると事前発表したのだ。

この頃、落語界には二つ目が五十人ほどいて飽和状態になっていた。二つ目になって二十年近く経っている者もいる。そのままでいくと、一般企業の定年退職の年になっても真打ちになれない者

が続出しかねない状況にあった。そこで、小さんは滞貨一掃とばかりに、一気に二十名の大量真打ち昇進に踏み切ったのである。

そもそも、真打ちというものに対する考えの違いが騒動を招いた。圓生は真打ちはゴールで、芸を極めた者がなるという考え。一方、小さんは真打ちはスタートで、そこからの努力・実力で真価が決まるという考えである。一般に「真打ち」といえば、圓生が言うように、噺家の極みだと思われていそうだ。が、小さんの考えにも一理ある。この問題は落語界を揺るがせた。もちろん、さん八も驚いた。今までの圓生方式だと抜擢主義で、芸の優れた者は先輩を追い抜いて真打ちになることができる。その蔭で、さほど優れてないと評価され、ずっと二つ目のままの者もいる。この昇進の評価基準は会長圓生の主観で、彼の好き嫌いが大きく反映され、問題があった。小さん方式だと、噺家を続けてさえいれば、やがて真打ちになれることになる。

正直なところ、さん八は自分が将来真打ちになれるかどうか、今までは確信が持てないでいた。昔ならば、二つ目のままで一生を終える噺家もいたからだ。それが、小さん方式でいけば、

――いつかはおれも真打ちになれるんだ。

その方式の良し悪しは別として、グッと夢が近づいたような気がした。それはさておき、《小さんは言いなりになるだろう》と想像していた圓生は思惑外れもいいとこで、

「あたしゃ大量真打ち昇進なんて認めません！」

と意義を唱えた。さん八を含む大量二つ目昇進事件とはわけが違う、今度は真打ちだ。噺家の本

質、落語協会の見識にも関わる問題だ。幹部会で多数決が行なわれた。人情論の正蔵はもちろん小さんを強力に後押しし、他の幹部もおおむね小さんを支持。小さんが勝利した。

圓生はこの時、堪え難きを堪えた。その忍耐もやがて尽き、暴発する時が来るのだが、それはまたのちの話である。


昭和四十八(一九七三)年。

前年の決定どおりに、春と秋に十名ずつ、合計二十名の大量真打ちが誕生した。粗製濫造ともいわれかねないが、なかには、ギターを弾きながらの「マラゲーニャ落語」で一世を風靡し、のちには「ガーコン=歌は世につれ」「ジャズ息子」の名作を発表する三遊亭さん生《しょう》(のちの川柳川柳《かわやなぎせんりゅう》)などの人気者も含まれている。さん生のように、人気はあるのに師匠(圓生)と折り合いがつかなくて二つ目にとどまっていた例もあったので、窮余の一策だったともいえよう。

一方、同じ年。落語界に非常な名誉がもたらされた。大量真打ち昇進事件では苦汁をなめた圓生が、なんと天皇皇后両陛下の御前で噺を披露することになったのである。御前口演は明治時代に三遊亭圓朝が行なって以来のことで、これは大変な栄誉だ。会場は宮中のホール。前座仕事である高座へのお茶出しや見出しめくりの仕事を、真打ちの圓楽が務めた。そして圓生は「御神酒徳利」をじっくり四十分間演じたという。さん八は圓生一門ではないこともあって、この情報をふつうにテレビのニュースで知り、驚いた。父・潔から言われた。

「落語っていえば下々の芸能かと思っていたけど、少し芸術っぽくなったような気がするなぁ。噺家みんな喜んでるだろう」

確かに落語界全体が喜んでいた。ただそのなかで、仲の悪い正蔵だけは憤怒の炎に燃えていたに違いない。

圓生は御前口演だけでは満足していなかった。実は、ある野望を秘めていた。さん八はそれを新宿末廣亭の楽屋で談志づてに聞いている。

「いや〜、まいっちゃったよ。圓生師匠が日本芸術院の会員になりたいっていうんだよ」

日本芸術院とは、文部大臣が任命する終身会員で組織され、芸術上の功績が顕著な者を優遇したり、芸術発展のために活動するという、文化庁の付属機関だ。その会員になることはこれまた大変な栄誉である。

「お前さんの力で何とかなりゃせんかね、ってね。こういわれちゃった。年寄りになるってぇと名誉を欲しがるもんだねぇ」

圓生は参議院議員である談志の力で芸術院の会員になれるんじゃないかと思ったようだ。が、当選一回、それもすべり込みの談志にはさすがにそこまでの力はなかった。この野望は失望に終わった。それでも圓生の自意識は拡大していき、お客に噺を聴いて戴くというのが、

《聴かせてやる》《我こそは芸術家》

という感じに変わっていった。

その頃、さん八は地元である江戸川区小岩の公会堂でミニリサイタルと称して地域寄席を開くことになった。リサイタルといっても独演会ではなくて、落語通に評価の高い柳家小三治も出演する。さん八は近所の飲み屋のおやじなどにも手伝ってもらい、商店街にポスターを貼り、集客に全力を注いだ。が、実家の清水家には何も伝えなかった。身内が見にくるなんてのは、照れくさくて嫌だったからだ。それでも公演当日、用を足しに清水家に立ち寄ったところ、母・初江が着物を着付けしていた。さん八は訊いた。

「あれ、どっか行くの」

「ちょっと妹んとこに行くんだよ」

初江の妹、つまり、さん八の叔母のところに出かけるらしい。さん八は、

「これから公会堂で寄席やるんだよ」

「あぁ、そうかい」

それだけの会話をして、さっさと出てきた。小岩駅前を歩いていると叔母さんに出くわした。

「あれ、叔母さん。うちの母ちゃんがこれから行くっていってたけど」

「そうだよ、これから行くんだよ」

「どこに」

「あんたの落語の会に決まってんじゃないの」

初江も潔も当然ながら商店街のポスターを見ていて、何も言わなくても分かっていてくれたのだ。

飲み屋のおやじたちが告知をがんばってくれたからか小三治が出演するからか、四百人ほどの客で満員になった。さん八は地域のみなさんの協力や両親のかげながらの支えをありがたく思った。

この年の後半は、第四次中東戦争に端を発するオイルショックが起き、石油供給に不安が走り「資源を持たざる国・日本」では関連商品の不足・値上がりが心配された。洗剤を扱っている某商社の社長は報道で、

「これは洗剤一遇のチャンスです」

とコメントし、大ヒンシュクを買った。トイレットペーパーなどを買い溜めするという現象も一部地域で発生した。気のきく噺家は地方興行の際、名物を土産に買ってきて楽屋で配ってくれるのだが、この時期は名物代わりに、地方で在庫が潤沢なトイレットペーパーを買ってきて仲間に喜ばれた。

(17)剣道場の出会い

昭和四十九(一九七四)年。日曜日、小さん宅の剣道場にて。

この頃、小さんはすでにＴＶドラマや映画、そして永谷園のコマーシャルにも登場し、世間的にもブレイクして忙しかった。が、剣道大好きなのは相変わらずで、日曜には道場を開放して、仕事

が入ってない時は小さん自身も稽古に励んでいた。なかに、小中学生に交じって一際元気のいい二十歳くらいの娘が竹刀を振るっていた。

「メーン、メーン、メーン、トリャー！」

小さんは稽古に参加しているさん八に言った。

「おい、今度来た女の子、やけに威勢いいなぁ」

「そうなんですか」

「ほら、あの子、見てみろ。元気いい」

「はあ、たしかに」

「ちょっと相手してくるよ」

小さんはそういうと、娘のほうに行って何か一言二言、声をかけた。すると娘はいかにも嬉しそうな様子になった。

この娘、高畑典子という名前で「テンコ」と呼ばれたりしていた。昨年、高校を卒業して就職したばかりの十九歳。同僚からこの道場のことを聞き、「永谷園のおじさんに会える！」と思って通い始めた。小さんは日曜も仕事が入っていることが多く、なかなか会えなかったが、ようやくこの日、顔を見ることができ、しかも声をかけてもらった。そしてなんと稽古をつけてもらえるというのだ。

小さんと典子は一礼し、立ち合った。始まってすぐに典子は、

「メーン、メーン、メーン！」

と、突き進んで面を連打した。さん八は遠目に見ていたが、小さんがわずかに動揺しているのが分かった。といっても、小さんが驚いたのは、典子の技が優れていたからではない。小さんはこの頃すでに無類に強く、のちに範士七段にまでなる腕前だ。そんな相手に、遠慮もなくいきなり面を連打してきたことに、小さんは意表を突かれたのであろう。さん八も驚いていた。

「メーン、メーン、メーン！」

典子は恐れを知らない。小さんはいつでも打ち返せたはずだが、あえて打たせっ放しにしているようだ。典子の声が道場中に響きわたっていた。やがて立ち合いが終わると、小さんは大笑いし、

「威勢いいね、たいしたもんだ。実力三級、声は三段だね」

と言った。典子は「永谷園のおじさん」に誉めてもらい、有頂天になった。

それからも典子は小さん道場に通い続け、小さんにときどき稽古をつけてもらっては誉められていた。剣道場での小さんは誰に対しても誉め上手な、優しいおじさんであった。

その年の春、新宿区で剣道大会が開催され、小さん道場からも「末廣チーム」という名で参戦した。その顔ぶれは、さん八をはじめとして、柳家小団治、柳家さん喬、海老一染之助・染太郎という陣容。応援団として、柳家小満《ま》んの奥さんと、高畑典子が来た。試合の結果は団体戦二勝止まり。まぁまぁだ。その後、小さん道場にほど近い目白駅の喫茶店で一服した。話に花が咲くなか、小満んの奥さんが典子に訊いた。

「ところで、あなた、いくつなの？」

「十九です」

「あら、若い。さん八さん、独身でしょ、この子どう？」

さん八は目を丸くした。

「えっ？　おれ、今年誕生日が来たら三十ですよ。歳、離れ過ぎてますよ」

小満んの奥さんはおもしろがって、

「そんなの関係ないわよ。そうだ、さん八さん、帰り、送っていきなさいよ」

なんだかんだでさん八が典子を送ってゆくことになってしまった。が、さん八は典子の自宅を聞いて、

「日進？　どこそれ？　えっ、大宮の先？」

だいぶ遠いのでためらいだした。当時、埼玉県の日進駅は、時刻によっては一両だけのディーゼル機関車が走行していたぐらいで、辺境の地といっても過言ではなかった。それでも結局、小満んの奥さんに押し出されるかたちで送っていった。さん八はとりあえず大宮まで典子を送ってゆき、駅の売店で一緒にコーヒーを飲んだ。何か言うべきだと、さん八は思った。が、剣道の疲れと大宮までの道程と緊張で何も思いつかなかった。一方の典子は、「喫茶店ではパーパー喋っていたのに、意外とウブな人なのかしら？」などと思っていた。そんなこんなで何もないまま典子は一人、ローカルな川越線に乗り、日進へと帰っていった。

夏になった。

上野鈴本演芸場での仕事を終えたさん八は、汗をふきふき、上野広小路で信号が青になるのを待っていた。横断歩道の向こう側に、どこかの会社の制服を着た娘が立っている。制服好きのさん八は、なんとなくその娘を見ていた。信号が青に変わり、娘が歩いてくる。どんどん近づいてくる。思わずさん八は声をかけていた。

「あっ、日進の！」

「えっ？　あっ！」

高畑典子だった。典子はこの時、運命的なものを感じたという。冷静に考えれば、典子の職場が上野にあって、さん八が上野鈴本の寄席に出ているのだから運命的というほどのことではない。が、若い娘というものは、ちょっとしたことに運命を感じたがるものだ。

二人はフルーツパーラーでドリンクを飲んだ。そして、これをきっかけに、ちょくちょく会うようになったのである。

この年の十一月、田中角栄が首相辞任に追い込まれた。前月発売の雑誌「文藝春秋」に載った立花隆の論文「田中角栄研究　その金脈と人脈」がスクープとなり、角栄の金権体質が暴露されたのだ。のちに真相解明が進み、角栄はアメリカの航空会社ロッキードから飛行機売込みのための多額な違法献金を受けていたとされ、逮捕されるに至る。いわゆる「ロッキード事件」だ。

この頃、さん八は寄席や各地の興行先で「政界模写」の依頼を多数受けた。もちろん、この時一番ウケたのは角栄の模写である。ダミ声を出し、角栄に成りきった。

「違法献金なんてのは誰でももらってるんですよ。ただ、あたしは田舎者で要領が悪いから、証拠らしきものを残してしまったのかもしれない。でも、あたしはたとえいくらかもらったとしても私腹を肥やしてはいない！　みんな政治のために使ったんだから、どこが悪いんですか。新幹線だって道路だってあたしが引っ張って来てみんな便利な思いをしてるんだから。それに対して、ああだこうだ言われることはない。だいいち、マスコミは今太閤だなんだと勝手に持ち上げといて今度は引きずり降ろすというね、けしからん！　新聞社には言いたいことがいくらでもある！　と、そんなことはここでしか言えませんが……」

もちろん角栄本人はこんなことを言ってはいない。が、こう言いたいだろうなぁという本音を憶測して喋る。これがウケた。そして総理大臣が代わるとなった時、古今亭志ん朝が言った。

「どうだい今度の総理大臣は。八っつぁん、ニュース見て研究してるんだろうね。できそうかい？」

落語界の星・志ん朝にまで注目されていることに、さん八は歓喜した。いいことは続く。

昭和五十（一九七五）年。

典子が成人式を迎えた。それを機に、さん八は典子に言ってみた。

「結婚しようか？」

「しよっか！」

あっさりしたもんだった。こうして結婚が決まった。

さらに、さん八は四月から、NHKの公開録画番組「お好み演芸会」の「噺家横丁」という大喜利コーナーにレギュラー出演することになった。コーナー司会が小三治で、解答者は桂文朝、三遊亭圓弥、三遊亭歌奴、三笑亭夢二（のちの三笑亭夢太朗）、三遊亭小遊三、そしてさん八である。春風亭小朝がアシスタントを務めた。この「噺家横丁」がどういうものか分かりやすくいうと、日本テレビの「笑点」をNHKらしくよりオーソドクスに、上品にしたような雰囲気であった。解答者はそれぞれニックネームが付いている。文朝が「横丁に咲いた一輪の白百合」で、圓弥が「幻の噺家」というように。みんなそれぞれ自分で考えたものだった。で、何を間違えたか、さん八は「横丁の油虫」を自称してしまった。感性が疑われるというか、ほとんどバカである。このニックネームのせいかどうかは分からないが、自然とさん八の（番組上の）キャラクターはおっちょこちょいの与太郎というふうになった。

さん八が発言しようとして手を挙げると、司会の小三治から、

「おまえは黙ってろ」とか、

「何も言うんじゃねぇぞ」とか、

「どうせ くだらないこと言うんだから……ほら、やっぱりくだらねぇじゃねぇか」

などとド突かれる役どころになっていった。しかし、番組観覧者には好評だったようで、さん八は満足していた。それよりも「笑点」との違いを出すために、噺家一同と制作陣は苦労していた。「笑点」は放送作家との入念な打ち合わせやリハーサルがあり、その完成度の高さとテンポの良さが当時斬新だった。それに対抗して「噺家横丁」では、

「笑点みたいにポンポン解答できるのはおかしいだろう」

と、あえてテンポを落としたり、解答者全員が考え込んでしまって小三治が、

「どうした、誰か答えられねぇのか」

と急かすという、本物らしさを狙ってみたりした。今考えてみても、なかなか意欲的な試みだったといえよう。

別な面でさん八たちを悩ませたのが、当時の放送コードだ。いわゆる差別用語の排除。障害者、同和関係はもちろん、その頃は下ネタにも厳しかった。のちには作家の筒井康隆などがこれは「言葉狩り」だと猛反撃に出ることになるが、それ以前のことで、とにかく差別用語の排除が徹底された。リハーサルの際に「考査」担当者が、

「その言葉はちょっと困ります、言い直してください」

といって進行を停める。昔ながらの落語には出てくることが珍しくない盲《めくら》・唖《おし》・聾《つんぼ》といった言葉は言わずもがな。目・口・耳の不自由な人というように変えられた。そのうちにバカという言葉も

ダメになって「頭の不自由な人」に変わり、貧乏人もダメになって「開発途上人」になった……というのは冗談で、これは当時の漫談である。実際にあったのが、「紙屑《くず》屋」という噺があるのだが、これも差別語じゃないのかってことで「浮かれの屑選《くずよ》り」という題名で演じた噺家がいた。まぁ、なんだかんだでさん八にとってはいい経験だった。

さん八と典子は一年かけてあっちこっち挨拶に行ったり式場を決めたりした。

そして、昭和五十一（一九七六）年三月、二人は上野のすぐそば池之端文化センターという場所で挙式した。披露宴の主賓は小さんで、一門からは剣道仲間の小団治、さん喬、玉子焼きの名人・小三太（のちの柳亭小燕枝）、落語教室通いからプロ噺家になったさん治（のちの柳家小袁治）、体操が得意な風俗通トルコの帝王こと柳家小里んなどが出席した。潔と初江ももちろん来た。式次第としては、落語研究家で早大教授の興津要が何か歌った程度で、噺家の結婚式にしてはとくだん何もない式であった。が、師匠小さんは二人の結婚について、とあるバラエティー番組に出演した際にこんなことを言っている。

「剣道っていえば、さん八ってのがいてね、それがまぁあんまり稽古熱心じゃなかったんだけど、急に熱心になってね。他の弟子に訊いたら、若い女の子が来てるからその子目当てなんですかねぇ、なんて。そのうち二人仲よくなったのはいいんだけどね、二人とも稽古ピタッと来なくなって。そしたら今度結婚するっててんだから、とんでもないやつだよ」

数多い小さんの弟子のなかでも、小さん道場での出会いをきっかけにして結婚にまで至ったのはさん八だけなので師匠としても印象深かったのだろう。

新婚旅行は海外にしたかったが、この時代にはまだ一般的ではなく、海外の一歩手前という感じで、八丈島で我慢した。

同年十二月、さん八と典子の長男が生まれた。これを書いている私、清水しゅーまいである。修平と名付けられた私は、落語界にはもちろん清水家にもとくだん貢献していないが、とにかく今これを書いている。

(18) 落語協会分裂騒動

昭和五十二(一九七七)年、さん八は長男の成長を喜びつつ、噺家としての自分の成長も実感できていた。順調な一年だった。ただ、そのなかで非常に残念だったのは、「噺家横丁」のレギュラーを二年間務めた時点で降ろされてしまったことだ。若手の夢二・小遊三・さん八の三名が揃って降板、代わりにすでに小金馬時代から名が売れている四代目三遊亭金馬と、こちらも大阪ではすでに大人気の二代目桂枝雀が新レギュラーに決まった。若手の活躍の場を奪う、疑問の残る人選と思われたが、恐らく視聴率やら何やらでテコ入れする必要があったのだろう。

そんなことがありつつ、瞬く間に一年が過ぎ、小さん門下の忘年会で楽しく飲んでいる時、ちょっとした出来事があった。上座のほうで小さんと談志が何事か言い合いをしているのだ。やや声が大きかったので、何を話してるんだろうと、さん八は二人を眺めた。距離があるので、話の内容までは分からない。そのうちに、まわりからヒソヒソ話が聞こえてきた。

「おい、（小さん）師匠に、談志師匠が落語協会の会長を譲ってくれって言ったみたいだぞ」

談志師匠、また酔っ払って言いたい放題だ……と、さん八は気にもとめなかった。小さんと談志はまるで親子のような関係で、酔っ払うと口論じみたこともするのだ。会長を譲れとは穏やかならぬ話だが、いつもの親子喧嘩の延長だろう。そう思って、さん八は仲間との会話に関心を移してしまった。が、この口論は重大な伏線の一つだったことがやがて分かる。


昭和五十三（一九七八）年五月二十四日。

ついに落語界に大事件が勃発した。あとから振り返れば、前兆はいくつもあった。が、さん八のような二つ目からすれば、青天の霹靂といってよかった。落語協会前会長の三遊亭圓生らが落語協会を脱退、新たに「落語三遊協会」の立ち上げを発表したのだ。世にいう落語協会分裂騒動である。当時、落語協会の会員は約一七〇人いたが、そこから五十〜六十人以上という大規模な脱退を謀ったのだ。

赤坂プリンスホテルで記者会見が開かれた。ホテルでの記者会見なんてのは、落語界では非常に珍しく華々しいものであった。報道陣は二百人ほど。会見に出たのは、圓生、圓楽、古今亭志ん朝、七代目橘家圓蔵、月の家圓鏡（のちの八代目橘家圓蔵）の五名である。本当はここに立川談志も加わっているはずだったが、あとに書く理由により逃走した。

「おぉ、師匠たち、はしゃいでるなぁ！」

さん八はテレビを見ながらそう思った。特に圓蔵だ。さん八が最後の前座仕事の時に名古屋に同行した、あの圓蔵である。

「記者会見なんてものは大臣にならなきゃできないもんだと思ってた。副会長にもなれたし、もうどうなってもいい！」

まったくのん気なものだ。大きなメガネがトレードマークの圓鏡も、もとからのニコニコ笑顔を一層ほころばせ、まさに晴れ舞台に立っているようだった。圓鏡は言った。

「あたしゃ反逆児的なとこあるからね」

そして、主役の圓生はエキサイト気味である。

「真打ちの粗製濫造はよくありませんよ。芸がそこまで行ってれば別ですがね。やはり噺のできる噺家を育てなければ！」

分裂の最大の原因を問われた時、圓生は語った。

「小さん会長が今度また五人の真打ちをつくりたいてぇから反対したんです。真打ちは芸を見て決めるべきなのに、小さんさんは定期的に五人ずつつくろうとしている。しかし、実力のない者を真打ちにするのはよくない」

ここで圓生は実力のない者の代表として、よせばいいのに、仲の悪い林家正蔵の弟子、二代目林家照蔵(のちの三代目八光亭春輔)の名前を挙げた。

「日本一ヘタな真打ち、あたしゃそんなのと一緒にされちゃたまりません」

照蔵は正蔵が「早く真打ちにしてくれ」とせっついたためまもなく真打ちになる予定の噺家だったが、圓生発言によって「日本一ヘタな真打ち」として有名になってしまった。

圓生は熱っぽく語った。

「もう新しい協会をつくるしかありません。こうやって行動を起こした以上、負け戦はやりません。勝算はあります」

勢いづく師匠連のなかで唯一、志ん朝だけがうつむいていた。志ん朝は実兄の金原亭馬生が落語協会に残る決断をしていて複雑な立場にあり、その胸中を明かした。

「あたしも真打ち問題は圓生師匠と同じ考えです。それに、この際、二つに別れることによって、若手が高座に上がる機会が増えるはずです。兄貴と別れるのは気が重いですが、渦の中に飛び込みました」

そして、実はこの騒動の火付け役である圓楽。彼は、こう豪語した。

「百年、二百年先の落語を考えての行動です。これからの仕事を見ていてください!」

あとで分かったことだが、この騒動は、真打ち昇進問題に対する圓生の怒りを利用し、圓楽と談志が策略を巡らして新協会結成に至ったものであった。圓楽と談志には、落語界を我が手で動かしたい！　という野望があった。この前の忘年会で、談志が小さんに落語協会の会長職を譲ってくれといったのは、その野望の発露だった。が、会長就任は到底無理だと分かり、策動を始めた。新協会結成。同様の野望を秘めている圓楽と手を結んだのだ。圓楽は、彼の師匠圓生の真打ち昇進問題での憤懣を利用し、煽り、担ぎ出すことに成功した。蔭で落語協会の切り崩し、新協会の勢力拡大を進めているうちに、かねてより圓生の芸と真打ち論に共感していた志ん朝が合流することになった。落語界の星・志ん朝がいれば、新協会はより強力になる。圓生はホクホク顔である。

こうして、順調に新協会結成へと向かっていた、記者会見一週間ほど前のこと。新協会主要メンバーが集まっての圓生宅での密会で、不意に談志がこんな問いを発した。

「師匠、次期会長は私ですよね！」

すると圓生は、談志にとってまったく計算外の答えを返した。

「いや、次期会長は志ん朝さんです」

談志は息を呑んだ。談志にとって、志ん朝は決して負けたくない相手なのだ。かつて真打ち昇進レースで、談志は志ん朝に追い抜かれてしまった苦い経験があるからである。ここでまたしても志ん朝の後塵を拝することは、談志のプライドが許さなかったのだろう。まもなく談志は新協会結成組から降りてしまった。そして、何食わぬ顔でもとの協会に収まった。

「何て勝手な男だ」

と一同は思ったことだろう。しかし、事実、談志は勝手な男だからしょうがない。記者会見の場に談志がいないのは、こういう事情からだった。

分裂騒動は一部噺家のあいだに様々なドタバタと軋轢を生じた。林家三平は師匠圓蔵が新協会副会長に決まったので、合流するものと思われた。が、三平はつねづね圓生から冷たくあしらわれていた。三平のナンセンス落語は、古典落語を重視する圓生にとっては外道だったのだ。冷遇される可能性が高いので、三平は「どうもすいません」といって新協会に参加しなかった。

肝心の圓生の弟子のなかにも不参加組がいた。三遊亭さん生（のちの川柳川柳）と三遊亭好生（のちの春風亭一柳）である。さん生はギターを弾いての「マラゲーニャ落語」と漫談が得意という、圓生から見れば落語界の外道王ともいえる存在で、目の敵となり、非常に折り合いが悪かった。一方の好生は気の毒なもので、圓生を崇拝しており、噺から立居振舞まですべてにおいて圓生の流儀をマネしていた。圓生はそんな弟子をかわいがるどころか煙たがったらしい。何かと冷たく当たった。そのような経緯で、さん生と好生は新協会不参加を決めただけでなく、圓生一門を離れることになった。

そして、前述の馬生、志ん朝の兄弟分裂。馬生が落語協会残留を決断したのは、小さんが引き留めのために落語協会副会長の座を用意したからだった。小さんが採った対抗策はほとんどそれだけだったが、これが大きかった。馬生は実弟・志ん朝のような華やかさこそなかったが、その実直な芸風と人柄が多くの噺家から慕われており、馬生が残るというだけでもインパクトがあったのだ。

さて、マスメディアの反応は。

真打ちに芸の厳しさを求め、芸を極めた者だけが真打ちとなる、新協会を立ち上げた圓生への支持が圧倒的だった。ある新聞は書いた。

「時たま寄席をのぞくと、お粗末な話芸の連続だ……この拙劣な芸の持ち主が、大抵真打だという。『広辞苑』の真打の項を見ると『寄席の一座で最も技倆のすぐれた出演者』とある。言葉の厳密な意味で、真打の名に値するはなし家が何人いるだろう。ろくな技倆もないのに真打にするから、芸に厳しさを欠く。真打の粗製乱造が、落語界を堕落させているのだ」

自然な流れで、協会長の小さんは悪者扱いされた。圓生はメディアを通じて小さんを罵倒した。

「小さんなんてのは、あたしゃ許しません。小さんが落語を悪くする」

初めのうちはのん気に報道を目にしていたさん八も、小さん批判が過熱するに連れて悔しくなってきた。師匠小さんがほとんど何も反論しなかったからだ。とうとう小さんに直言した。

「師匠、反論したらどうなんです、これじゃ圓生師匠の言い分がぜんぶ通っちゃうじゃないですか！」

小さんは慌てる様子もなく答えた。

「いいんだよ、こういう時はね、こっちが何か言やどんどん悪いほうに行っちゃうんだから」

「そうは言っても……」

「向こうはいま言いたくてしょうがないんだから言わせとけばいいんだよ」

「でも、何か言わないと、ぜんぶ師匠が悪いってことに……」

「こっちが反応しないと、そのうち向こうはバカバカしくなって言わなくなるんだよ、そのうち分かるから」

さん八は歯噛みした。うちの師匠は反論もできないのか。思っていることをもっと言えばいいのに。

圓生の罵詈雑言は落語協会の常任理事にまで及んだ。

「圓歌と金馬なんてのは、小さんにベッタリくっ付いてる腰巾着だ。あたしが落語協会に入れて大きな名前を継がせたんだ、それなのに会長が小さんになってから、小さんのオベンチャラばかり言って」

三代目三遊亭圓歌と四代目三遊亭金馬も、「何もそこまで言わなくったって」とそうとうイラ立っていたが、会長小さんが、

「我慢しとけよ、そのうち収まるから」

そんなふうになんとか押しとどめていた。

師匠小さんが悪者に仕立てられるのはおもしろくなかったが、一方でさん八は、協会分裂は悪いことばかりではないんじゃないかとも思っていた。なにしろ、さん八は前座時代に、新落語協会の結成を企画したことがあるくらいだ。落語界には長らく落語協会と落語芸術協会の二団体が共存し、

十日間交代で各寄席に交互に出演してきたが、そこに第三勢力として割って入る。各団体がひと月に十日間ずつ出演すれば切りがいい。落語三国志だ。寄席も活性化するのではないか？　そこまで考えたところで、ふと思った。今回の騒動を席亭（寄席経営者）たちはどう見ているのか？　さん八がそんなことを考えている頃、すでに事態は動いていた。

記者会見の翌日、五月二十五日。

新宿末廣亭の事務所に席亭が集まっていた。浅草演芸ホール、池袋演芸場、上野鈴本演芸場、新宿末廣亭という四カ所の定席の経営者たちによる会議が開催された。四軒のなかで上野鈴本演芸場の席亭は事前に落語三遊協会の相談を受け、話に乗っていた。ところが、新宿末廣亭の大旦那こと北村銀太郎が「待った」をかけた。

「新協会は一見、いい顔ぶれだ。このメンバーが十日間、休まず出てくれればいいが、みんな売れている……層が薄いな」

売れっ子はテレビやラジオ、地方興行にも出る。その間、寄席には「代演」といって他の噺家が出演することになる。寄席は大切だが、ワリ（出演料）が少なく、寄席を優先する噺家はまずいない。人気者が休んだ場合にも客に満足してもらう代演者を多く抱えている必要があるが、新協会はその「層が薄い」というわけだ。この意見が重視され、結果的に席亭の総意として「落語三遊協会の寄席出演は認めない。落語協会への復帰を勧告する」との声明が出された。

圓生、人生最大の誤算であろう。圓生や圓楽や志ん朝だけならば、寄席がなくともいくらでも仕事がある。が、それぞれたくさんの弟子がいる。寄席出演ができなければ、弟子の出番・育成機会が激減し、新協会は壁にぶち当たるだろう。

早くも新協会から脱落組が出た。志ん朝、圓蔵、圓鏡である。六月一日、外神田の料亭にて、席亭たちが仲介の労をとった。落語協会からは小さん、馬生、正蔵、三平が出席。それに対して志ん朝は、

「大義のために面子を捨てます」

と潔く頭を下げた。大きな葛藤があったことだろう。こうして志ん朝、圓蔵、圓鏡の落語協会復帰が決まった。問題は復帰組の処遇である。新聞沙汰の騒ぎを起こしたのだから、香盤順(序列)を大幅に下げるなどの処分があってもおかしくはない。が、例の北村銀太郎が、

「特例として何もなかったことにしてみんなの復帰を認めてほしい」

と言った。ここで、今まで悪者にされ、堪えに堪えてきた小さんが、

「ただ、われわれの顔を立ててくだされば……」

と一言。混乱を自力で収められなかったことで会長辞任も覚悟していたらしい。人情の正蔵は、

「席亭さんにさえ詫びを入れてくれたら復帰を認めましょうよ」

と言った。やむなく小さんがうなずくと、北村銀太郎は涙声をしぼり出した。

「小さん師匠の気持ちは分かる。ありがとう、ありがとう……」

この仲介の日程は、そもそも圓生が指定してきたもので、圓生と圓楽も来るはずだったのだが、二人は欠席。それどころか同日、落語三遊協会を正式発足させていた。噺家としてはよくても、社会人としてはどうかという行動だった。当然、席亭たちは問題視し、これ以上の仲介を行なわないことにした。新協会は寄席から締め出されたのだ。もっとも、新協会のほうでは、自分たちは古い落語界から飛び出したんだ……と思っていた。

寄席の世話にならなくても、全国各地のホールや公民館を巡業し続け、新たな落語の世界を切り開こうとしていた。圓生は燃えた。自分たちの力で落語の世界を変え、寄席なしでも芸を磨き、後継者の育成ができることを見せてやる。圓生は弟子のためにも全国巡業に励み、時には本来立前座の役目であるネタ帳つけや進行管理、太鼓打ちまで自ら務め、自分のもうけを弟子らに割り振るようなことまでしていたようだ。すでに七十八歳だというのに、若者のような情熱を燃えたぎらせ、過密日程をこなし、得意の人情噺で日本中の落語ファンを泣かせ、うならせた。

昭和五十四(一九七九)年九月三日。

落語協会分裂騒動の勃発から一年三カ月あまり経ったこの日、圓生は千葉県習志野市にいた。落語三遊協会後援会の発足式に出席していたのだ。おりしも圓生七十九歳の誕生日であった。後援会の力で、さらに活躍の場を広げてゆく。圓生は燃えていた。が、その肉体はすでに燃え尽きていた。会場で「桜鯛」という小噺を披露した直後、心筋梗塞を起こし急死してしまったのである。

落語では間《ま》が大切だとよくいわれるが、圓生の最期は間《ま》が悪かった。翌日(ニュース的にはほぼ同日)、上野動物園のパンダのランランが死に、そっちのほうが話題になってしまったのだ。落語界の巨人も、日中友好のシンボルとして初来日したジャイアントパンダにはかなわなかった。

圓生の葬儀が青山葬儀場で開かれた。落語協会会長の小さんは寛容だった。散々対立したんだから葬儀に出なくてもおかしくないくらいだ。が、小さんは、

「いろいろいきさつはあったけれど、もう亡くなったんだから。行けるやつは行って葬儀手伝ってやれ」

と、弟子たちに言った。さん八も手伝いに行った。式には圓生一門を破門同然にされて落語協会に復帰した川柳川柳(小さん一門に合流)と春風亭一柳(正蔵一門に合流)も来ていた。紋付・袴姿で線香を上げている。さん八は何気なく見ていた。その後、圓生一門で写真撮影を行なうということになったようだった。川柳と一柳はもう一門ではないせいか、離れたところに立ち尽くしている。

これを見たさん八は、二人に言った。

「兄《あに》さん、入ったらどうです」

圓生師匠が亡くなった今、もはや過去の経緯を問うことはあるまい。一緒に仲よく写真に収まればいい。さん八は小さんの教えもあって、そう言ったのだ。川柳と一柳は、ためらいを見せつつも撮影の輪に入ってゆこうとした。すると、

「ダメだ!」

圓生一門の誰かが言った。さん八は思わず、
「そんなこと言わないで一緒に撮ればいいじゃないですか」
と言っていた。が、
「いや、ダメだ!」
そのあまりにきつい口調に、さん八は息を呑み、川柳と一柳はすごすごと一門の輪から出ていった。さん八は思った。

この一門の冷淡さ。圓生師匠は偉大だし、芸にこだわりを持っていたけれど、人間性のほうはどうだったんだ? やるせない印象ばかりが残った葬儀だった。

春風亭一柳はその後、破門経験を中心にして自叙伝を書き、崇拝し続けてきた圓生の重圧から解放されたかに見えたが、心を病み、圓生死後二年足らずで飛び降り自殺してしまう。まだ四十五歳だった。

一方の川柳川柳はパッパラパーな酒呑みで、圓生の重圧など感じることもなく、老いて今なお寄席を賑わせている。

圓生の代わりはいない。落語三遊協会は瓦解し、圓生一門は落語協会へと戻っていった。ただし、圓楽一門だけが戻らず、新たに「大日本落語すみれ会(のちの五代目圓楽一門会)」を立ち上げた。

圓生が存命中の落語三遊協会の時点ではまだかろうじて落語協会とのつながりがあったのだが、

圓楽一門だけになってからは両者はますます疎遠になった。圓楽の態度が強硬だったからで、向こうの公式行事に出たりしたら謹慎処分となることが決まった。それでもさん八は、圓楽一門の六代目三遊亭圓橘と友人ということもあって、圓橘の結婚披露宴に数人の仲間とともに出た(昭和五十七年四月)。主賓の圓楽は「小さんの弟子が出席している」のを知ってるはずだった。が、主賓挨拶の際に、

「小さんなんかどうしようもない。小さんなんて奴は……」

と小さんの悪口を言い始めた。さん八はいたたまれなくなった。だいたい、祝いの席で誰かの悪口を言いまくるなんてのは一般常識からしてもおかしい。披露宴は一時、異様な雰囲気に包まれた。その後しばらく経って、さん八の挨拶の番がまわってきた。

「今日は小さんの弟子、柳家さん八ではなく清水聰吉として出席しておりますので……」

ちょっと笑いを取れて、披露宴の雰囲気も和んだ。

ちなみに、さん八は特に有名じゃないせいか何のおとがめもなかったが、昭和五十八(一九八三)年四月、林家こん平が林家九蔵改め三遊亭好楽の改名披露パーティーに出席した際は、日本テレビ「笑点」出演者として有名だったためか実際に一カ月間の定席出演禁止処分が下されている。

昭和五十五(一九八〇)年五月。

落語協会の新たなスターが真打ちに抜擢昇進した。春風亭小朝である。当時まだ二十五歳。ふつ

う年功序列で真打ちに上がってゆくところを、その人気と実力を高く評価され、何と三十六人もの先輩噺家を追い抜き昇進した。これは、かつて志ん朝が成し遂げたのと並ぶ最高記録である。協会分裂騒動でのゴタゴタした悪い印象を吹き払う爽やかなニュースとして、大いに世間の話題となった。小朝は以前からテレビ出演もしていてNHKでのウケもよく、世間も納得の抜擢だった。納得してないのは、追い抜かれた三十六人の先輩噺家たちである。このなかに、さん八も含まれていた。抜擢人事そのものは前年に内定しており、この年の小さん一門新年会で、さん八は師匠に噛みついていた。

「どうして小朝なんかが真打ちになるんですか。どういうわけですか。不満もっているやつもいっぱいいますよ」

温厚な小さんが、この時は怒った。

「しょうがねぇじゃねぇか、見映えがいいし、お席亭の評判もいい。お前も真打ちになりたいんだったら評判よくならなきゃダメだ！」

反論の余地がないくらい強い調子だった。さん八はそれ以上何も言えなかった。近くにいた柳家小三治や五代目鈴々舎馬風があとになって、

「お前の言い分も分かるけどな、師匠怒らせちゃったなぁ。ありゃあ無茶だ」

と諭された。さん八はまだ納得いかないところがあったが、よくよく考えてみると、小朝の優れた点にいろいろ思い当たった。古典落語のなかに現代的な諷刺を取り入れるなど感性がよかった。

立川談志の毒を抜いて爽やかにしたような感じだ。それに、独自の勉強会なども開いているという話で、悔しいが差をつけられているのを認めるしかなかった。

若くしてスターになる者がいれば、若くして消えゆくスターもいる。この年の九月二十日、林家三平が肝臓ガンのため五十四歳で亡くなった。さん八は三平と相性がよく、前座のそう助の頃から、

「そう助さん、そう助さん」

とかわいがられて、

「そう助さん、今度、協会で催しがあるから司会やんなさい」

というふうに、何かと引き立ててもらっていた。

三平は前年一月に一度倒れ、九段にある東京逓信病院に入院。さん八は息子・修平を連れて見舞いに行った。典子も以前さん八に連れられて三平に会ったことがあり、あまりにテレビや高座で見るそのまんまだったので、

「おもしろい人だなぁ。きっと気づかいのある人なんだろうなぁ」

と思った。三平は半身麻痺と言語障害を負っていたが、リハビリに努め、執念の年内復帰を果たす。その席で、

「三平だったら逓信病院じゃなくて精神病院だろうってみんな言うんです、も〜、ひどいんですからっ!」

と客を笑わせ、元気なところを見せていた。亡くなる直前まで、ネタ探しに励んでいたという。

さん八は三平死後一週間後に長女をもうけた。三平の生まれ変わりのような気がして平子と名付けようとした。が、典子が猛烈に反対。そこで、三平のおかみさん香葉子さんにあやかって、香菜子にした。

(19) 第一回真打ち昇進試験

さん八に試練の時が迫っていた。より正確には「試験」の時だ。なぜ噺家であるさん八に試験の時が迫っているのか？　実は、この年の十月二日、落語協会の理事会で真打ち昇進試験制度の導入が決まったのだ。真打ち昇進を巡って協会分裂にまで至ったその反省を込め、考え出されたものであった。マスメディアでも話題になった。ある新聞は見出しにこう書いた。

「八っつぁんも受験はち巻き?!　真打ちに試験制度　落語協会『二ツ目』あふれて」

幸か不幸か、ちょうどさん八は真打ち昇進を間近にした時期だった。降って湧いた試験制度のおかげでまさに、さん八は「受験生の八っつぁん」になってしまったのである。さて、その試験内容だが、会長の柳家小さんや副会長の金原亭馬生をはじめとして七人の理事の前で、受験生一人二十分以内の噺を披露し、合否を仰ぐというもの。理事ら五人以上が○を付ければ合格になる。受験生はさん八を含めて十六人。さん八は、同じく受験生となってしまった同期の仲間とともに、

「試験なんて冗談じゃねぇなぁ」

と不満を言い合った。しかし、何しろ自分の師匠である小さんが言い出してできた制度だから、あんまり表立って文句も言えない。一方、表立って文句を言った噺家もいて、古今亭志ん三（のちの志ん五）ら数名は、

「試験なんかで決められたくない」

と受験を拒否、波紋を呼んだ。確かに、落語という芸能に試験がなじむのかどうか疑問がある。

また、他の噺家のなかからは、

「試験なんて名目的なもんなんじゃねぇのか、全員合格するんじゃねぇの」

なんていう噂が流れてきた。が、噂の真偽は不明なので受験生さん八としてはまじめに噺の稽古に励むしかなかった。

そして十月、池袋演芸場にて記念すべき第一回真打ち昇進試験が実施された。受験生が集まった楽屋は緊迫。ほぼ同期の仲間が揃っているので普段なら騒がしくなるところだが、それぞれ自分の演じる落語をぶつぶつぶやいたりしている。さん八の出番は真ん中ほどだった。いつもであれば前の出演者の噺に耳をそばだてるさん八だが緊張し、とてもじゃないが人の噺を聴いてる心境じゃなかった。一人ひとりと受験が進むうち、時々楽屋に理事の一人、小朝の師匠である春風亭柳朝がやって来ては、

「お前はだいじょうぶだ、俺が○付けといたから」

などと、わざわざ通知しにくる。一人が○を付けたからって合格は決まらないからまったく意味のない通知なのだが、受験を終えた者にとってはなんとなく気持ちが和む。

そして、さん八の出番が来た。さん八は高座に上がった。一般客はいない。ガラ空きの演芸場で、真ん中あたりの席に固まって会長たちが座っている。さん八は「転宅」という滑稽噺を演じた。間抜けな泥棒が女の色香に惑わされ、侵入先の家で所持金を巻き上げられてしまう噺だ。それなりに自信のある演目であったが、これほどやりにくかったことはない。理事たちはにらむような様子でこっちを見、クスリとも笑わない。いまだかつてないほど静まり返っており、演じているうちに自信がなくなってきたが、とにかく特に失敗もなくやり切った。終わっても別段反応はなかった。が、小さんから、

「よかったけど、女はもう少し自然に演じたほうがいい。あんまりいやらしくやっちゃいけない」

と批評された。全員の噺が終わった。

同月二十九日、受験生たちは上野のレストラン東天紅にて、結果待ちをしていた。さん八たちはあれこれ雑談しながら待つ。

「審査やってる師匠連中がみんな名人・上手かってぇと、そうじゃねぇんだから、こっちはたまんねぇよなぁ」

このような不満も噴出していた。何を基準にして合否を決めるのかよく分からないのだから、不満が出るのも無理はない。

「どうせみんな受かるんだろう」

ここでもまた、楽観論をいう者がいた。

やがて、協会の事務局長がやって来た。ついに合格発表である。合格者の名前が読み上げられる。

「柳家さん喬、五街道雲助、三遊亭旭生(のちの圓龍)、むかし家今松、三遊亭歌司……」

次々と名前が呼ばれてゆく。

「金原亭駒三郎……」

この時、駒三郎は泣いた。師匠である金原亭馬の助が数年前に亡くなっており、試験に不利だと思っていたらしい。楽観論を唱える者がいる一方で、ここまで思い詰めていた者もいたのだ。ここで合格した駒三郎は、晴れて師匠の名前を継いで二代目 馬の助となる。合格発表が続く。

「橘家竹蔵、林家九蔵(のちの三遊亭好楽)……」

そして、

「柳家さん八」

呼ばれた。さん八は合格したのだ。ある程度の自信はあったが腰が抜けるほどの安堵を覚えた。

ふたを開けてみると、十六人の受験者中、合格十一人・不合格五人という結果だった。楽観論の某噺家は落ちていた。翌日のスポーツ新聞の芸能欄にこの試験結果が公開された。合格者より不合格者が目立つ格好となっていた。協会内部からでさえ「なんで落としたんだ」とか「合格者だけの発表にできなかったのか」という批判が起きた。確かに、不合格者として名前が出てしまっては、看板に傷を付けられるようなものだ。不合格者は来年再び受験することとなった。

幸い合格したさん八は、真打ち披露に向けて忙しかった。昇進決定から披露までは一年ほどの間がある。着物や扇子を新調したり、口上書の印刷をしたり、あちこち挨拶回りもする。そして、真打ち披露を行なうということは、「トリを取る」ということであり、噺の稽古にも一層努めなければならない。真打ち披露を控えた当人からすると、小さん流にいう「真打ちがスタート」というのも、うなずけてくるのである。


昭和五十六(一九八一)年。さん八、三十六歳(十月で三十七歳)。

いいことは続く。さん八は第八回国立演芸場花形新人演芸会新人賞を受賞した。この賞は当時、国立演芸場に出演した二つ目から若手真打ちを対象として、四半期ごとに金賞・銀賞を決めるというもので、さん八は「紙入れ」という艶っぽい噺を演じて秋期金賞を取ったのである。賞状と金一封を戴き、真打ち昇進に箔がつき、気分は上々だった。

九月一日、さん八たちの真打ち披露が始まった。さん八は林家九蔵、柳家小袁治、十代目土橋亭里う馬とともに上野鈴本演芸場・新宿末廣亭・浅草演芸ホール・池袋演芸場・国立演芸場の順に、昼のトリも含めて、それぞれ各五日ずつトリを取った。さん八がトリの時、師匠小さんが口上を述べてくれた。

「このたび、このさん八が真打ちになりまして、お相撲で申しますと関取になったというところでまぁ十両です。幕内・三役・大関・横綱を目指しますには、これからが大事でございます。どうか、みなさまのごひいきお引き立てを戴きまして、いずれは一枚看板になれますよう、ひとえにお願い申し上げます」

この口上からも、小さんの「真打ちがスタート」という考えが伝わってくる。口上の間中、高座の中央でさん八はじっと頭を下げ、両脇を小さんのほか副会長の金原亭馬生、理事の林家正蔵改め彦六、三遊亭金馬などが固めている。主役のはずの新真打ちは何も言えない。変な感じだが、発言するのは、自分の出番つまりトリを取る時……と決まっているのである。

さん八がトリの高座に上がった時、三百人近い満場の客席から大きな拍手が沸いた。

「このたび真打ちに昇進いたしました柳家さん八でございます。これからもごひいきお引き立て、よろしくお願い申し上げます」

挨拶はごく質素に、そして得意の「転宅」で笑わせた。終演後に起きた暖かい拍手を、今もさん八はハッキリ覚えている。

さて、トリというのは大変なことで、噺だけすればいいというわけではない。何が大変かというと、トリを取る者は他の噺家や関係者のために弁当を購入し配り、さらに打ち上げの資金を全額負担しなければいけないのである。絶対にしなければいけない……と決まってるわけではないのだが、もししなかったり、しても内容が質素だったりすると、

「あいつはセコい」

との烙印を押され、仲間内での評価を落としてしまう。せっかくの真打ち昇進でそれは避けたい。幸いというべきか、さん八は四名まとめての昇進だったため、割り勘をして、個人負担を少なくできた。同じく四人合同の真打ち披露パーティーは上野精養軒で開かれ、三百人ほどが集まり、けっこうな賑わいだった。父・潔と母・初江も参加していた。二人は賑やかな場所が苦手な性質だ。会場の片隅から息子・さん八の晴れ姿を見詰め、どうにかこうにか一人前になったようだと感慨を胸にしつつ、フランス料理を残さず食べることに余念がなかった。

真打ち披露パーティーは、合同とは別に、個人でも開かなければいけない。これも、絶対に開かなければいけない……と決まってるわけではないが、不開催となればやっぱり仲間内でゴニョゴニョ……となってしまう。それは避けたい。さん八は予算がないので開催するにしても安い会場にしたかった。そこで、小さんに訊いた。

「師匠、真打ち披露の会、どこでやってもいいんですか?」

「かまわねぇよ。べつに見栄を張るこたぁない。どこだっていいんだよ」

「じゃあ、例えば(居酒屋チェーンの)養老乃瀧でもいいんですか?」

「うん、いいんじゃねぇか」

小さんはそう言ってしまったあと、おもむろに首をひねり、

「いや、養老乃瀧はまずいんじゃねぇか」

と、さん八を押しとどめた。結局、比較的低予算で借りられて、それなりに風情のある場所を……と考えたすえ、落語協会でよく寄合を開いている上野本牧亭に決めた。「柳家さん八真打昇進披露の会」は十月二十六日に開催決定。ついては、招待状を関係各位に送った。招待状に口上書を同封するのだが、ある人にこんな祝辞を書いて戴いた。

新真打・おめでとう

いぜん、目黒名人会という寄席が権之助坂の中程にできて、惜しまれながら数年で閉鎖されたが、ある晩、楽屋をつとめていた前座さんを誘って駅前の飲み屋に入ったことがある。その時、なぜ落語家になったのかと聞いたら、「テレビで立川談志なんて人がしゃべっているンで、あの位の事なら俺にだって出来るだろうと思ってこの世界に飛び込んだンです」という。師匠は誰、とたづねると「その、立川談志なんです」ときかされた時は、とてもおかしかった。これが、さん八君との出会だった。あれから十三年経つ。

さん八君に、テレビの寄席中継お好み演芸会のレギュラーになってもらった。大喜利の司会・小三治さんのわきに坐って、いつもこの兄弟子にこずかれながら、隙があったら、とんち問答に珍なるシャレを飛ばそうとチャンスを狙っていた時の、よく動く光った目玉を思い出す。

生まれは江戸川区の平井、赤ン坊の時大空襲に危うく難をのがれた本名・清水聰吉、それで前座名がそう助。あの位の事ならと弟子入りした談志師匠に、お前は見込みがないと思われたのか、それとも弟子の方で、この師匠じゃァとても駄目だと考えたのかその辺の事情は知らないが、入門半年後、柳家小さん師匠のお弟子になれたのは、もっともっと大きな倖せだったろう。さん八君の、いかにもそそっかしそうなあの風貌はやっぱり江戸ッ子のものだ。それが高座におかしさを醸し出す得がたい落語家だと思う。しかも一面、周囲に仲間のことに細かい神経をつかう情の厚い人柄でもある。久しぶりに生得のおかしな真打が生まれたわけで、さん八君の今後に楽しい期待をよせている。新真打・柳家さん八、おめでとう

ＮＨＫ・演芸チーフディレクター　能條三郎

心の籠もった、ありがたい祝辞だった。

こうしてお客を呼ぶ一方、出演者は、小さん、月の家圓鏡、歌の上手な柳家菊語楼、柳家小里ん、そして「地下鉄の電車はどこからいれたの？」というネタで一世を風靡した夫婦漫才コンビの春日三球・照代などという、おもしろい顔ぶれを揃えることが叶った。また、ごひいきのお客の計らいで、のちに横綱になる千代の富士と北勝海から花輪を出してもらうことができた。

この頃は真打ちの値打ちがまだ高く評価されており、さん八たち四人組は朝のテレビのワイドショーを数局渡り歩き、インタビューを受けたりもした。

大勢の人々に支えられ、真打ちになり、この年のさん八は順風満帆だった。

昭和五十七(一九八二)年。

この時期、さん八は三遊亭圓弥の誘いで学校寄席によく出るようになった。学校寄席とは、学校の体育館などで児童・生徒の前で行なう公演会(特別授業)だ。学校寄席は昔からあったが、例の落語三遊協会が寄席から締め出しを食った際、ところかまわず仕事先を探しているうちに学校の音楽関係の事務所と接点ができ、それで開拓が進んだという経緯がある。落語三遊協会に所属していた圓弥は師匠圓生の没後、落語協会に戻ったので、さん八にも声がかかったというわけだ。出演料は少ないが、全国各地の学校を巡り、学校なので昼間のうちに公演をして夜は観光なんてなかなか楽しい仕事になった。

さて、児童・生徒が聞き手となると、自然と演目は分かりやすいものに定まってくる。さん八の場合、そばをすするしぐさが出てくる「時そば」や、のんびり男とせっかち男の極端な比較がおもしろい「長短」などを演じ、子供たちからもウケて手応えを得た。ちなみに当時はちょうど校内暴力真っ盛りの時代で、中学・高校の卒業式に警察官が立ち会うことも珍しくなかった。「ツッパリ」とか「番長」とか、あとで考えるとありゃ何だったのかというくらいの荒れようだった。さん八は初めて中学・高校の学校寄席に行く際には、襲撃されたりするのではないかと恐れていたが、幸いそういうできごとはなかった。ツッパリも番長も、噺家を襲撃したところで何の自慢にもならないと思っていたのだろう。あるいは林家三平レベルの知名度があったら、危なかったかもしれない。が、幸か不幸か、さん八にそういう知名度はなかった。ただ、同じ年頃の中高生で、どうしてこうも違うのだろうという学校間格差を感じた。学歴差別をするわけではないが進学校ではどこも噺を聴く態度がよく、やりやすかった。そうでもない学校でひどいところだと、噺を始めて五分もしないでザワついたり、雰囲気からしてよくない。

こんな学校もあった。噺の前に、先生が指導をする。

「いいか、これから落語をやるから、みんな静かに聞け。騒ぐんじゃないぞッ!」

体育館は静まり、さん八が噺を始めてもまったく誰も笑わない。そのうち後ろのほうで生徒が喋り始める。すると、

「静かにしろッ!」

先生が出席簿でバーン! と叩く。それでも喋る生徒がいて、しまいには先生に引っ張り出され次々退場してゆく。その学校寄席が終わったあと、さん八は先生に言った。

「先生がたは大変ですね、ぼくらはこれで帰っちゃうからいいですけれど、先生がたは毎日ですものね」

「そうなんですよ～」

先生は遠い目をして言った。

この頃のさん八はよく飲んだ。飲む相手はいろいろだが、二年後輩の柳家小里んと特に飲んだ。小里んは高校時代に体操選手としてインターハイ東京大会優勝もしており、トンボ返り(バック転)

などお手のもので、この当時はトルコ風呂（のちのソープランド）でのマット運動に励み精力を誇っていた。さらにその経験を活かし、郭噺に磨きをかけていた。さん八は父・潔に似て、噺家のわりには堅物である。イキイキとした小里んの郭噺にかなうはずもない。そんなことを考えながら寄席帰りに小里んと屋台で長々飲んでいると、いつの間にか夜が明けて、屋台は通勤通学の人々の流れのど真ん中で漂流していた。

「お客さん、勘定いらないから、いいかげん帰ってくださいよ。私、こんな遅くまでやったの、初めてですよ。通勤ラッシュのなか屋台引いて帰らなくちゃいけない」

屋台のおやじさんが嘆く。ふと、さん八は思った。こんなに酒好きのわりには、今まで酒の噺をあまりやってこなかった。これからはもっと酒の噺に取り組もう。そう考えて、さん八は酒の噺も演じるようになった。「代わり目」「試し酒」「親子酒」「ふろしき」などである。レパートリーがぐっと広がって、噺家としてまた一つ成長したような気がした。

この年には、かつて大量真打ち昇進問題で小さんを強力に後押しした林家彦六（八代目林家正蔵）が八十八歳で亡くなった。オーソドクスな落とし噺や人情噺のほか、芝居道具を駆使した芝居噺や、ドライアイスで煙をモクモク沸かせながらの怪談噺など、演目は多岐にわたった。晩年の、震える声での怪演は、弟子の木久扇（初代林家木久蔵）が「彦六伝」としてネタにしている。

落語協会分裂騒動後、落語協会副会長に就任した十代目金原亭馬生も亡くなった。まだ五十四歳だった。草書の五代目古今亭志ん生の長男として、落語界プリンスの古今亭志ん朝の兄として、なにかと比較され苦労しながらも繊細な描写や奥ゆかしい生き様で親しまれた。

(20) 落語協会談志脱退騒動

昭和五十八(一九八三)年。

この年の四月からNHKで朝の連続テレビ小説、橋田壽賀子の脚本による「おしん」が放送開始。世界的に大好評を博した。ヒロイン・おしんの名は、忍耐しつつも希望を持って生きる人の代名詞ともなり、「おしん首相」「おしん横綱」などの言葉も流行った。この流れで行けば「おしん噺家」という言葉が出てきてもよさそうなものであったが、噺家はそうはいかない。忍耐がきかない。火元はまたあの立川談志だった。「落語協会を脱退する!」と言い出したのだ。またも騒動のきっかけは真打ち昇進問題である。

五月に落語協会の真打ち昇進試験が実施され、十人が受験。小里んを含め四人が合格し、六人が不合格だった。不合格のうちの二人が談志の弟子で、このことが「俺の育て方が否定された!」と、談志の怒りを爆発させるに至ったのだ。談志は弟子十四人を引き連れ、六月末、今度は本当に脱退した。談志の弟子が不合格となった一つの要因は、師匠談志が審査をサボッたからだということもあったが、そんなことは談志には関係なかった。

「くだらねぇ！　俺の弟子のことは俺が決める。俺が認めてるのに何で認めねぇんだ！」

そもそも談志には前々から落語協会に対する憤懣が鬱積していた。理事会で自分の意見が通らないことに常々不満を述べていた。

例えば、定席の興行の仕組みにも長いことイラ立ちを募らせていた。寄席のワリ（出演料）は安い。一回出演で数千円というのが相場だ。それに対し、談志は他の噺家にはとても言えないことでも高言した。

「こんな安い金で冗談じゃねぇ。ふつうよそに行ったら何万も何十万ももらえる。俺が出てやってんだ、だから客が来るんじゃねぇか。席亭と芸人で五分五分になってる？　バカ言うな、立場は五分五分じゃねぇんだ。七・三でもいいくらいだ」

さん八は、さすが談志師匠、俺が出てやってんだなんて他の噺家はそうそう言えない、と感心した。今度は行動に移したことだし、落語界の快事だ。確かにその時は感心した……のだが。

その年の十一月になって談志は「落語立川流」を創設。自ら家元を名乗り、家元制度を導入した。家元制度というと何か格調が高そうだが、なんのことはない。月謝制度である。弟子たちが家元談志に上納金を支払わなければならないのだ。具体的には、真打ちは一時金三十万円、月謝四万円。二つ目は一時金十万円、月謝二万円（前座は無料）。さらに著名人コースもあり、芸名を付けるのが十万円、月謝四万円という仕組みになっていた。

この制度にたまりかねて立川ダンプ（のちの祭希バン）が早くも脱退。さらに後年、立川談生（のちの鈴々舎馬桜）と立川小談志（のちの喜久亭寿楽）も脱退している。その一方で、漫画家・手塚治虫が顧問に就任し、大人気のコメディアン・ビートたけし、漫才師の横山ノック、映画監督・山本晋也、放送作家・高田文夫などが著名人コースに弟子入りしたのであった。

それにしても、落語協会を脱退した以上、寄席には出られない。それは圓楽一門会と同様である。寄席に出られない状況で、自分たちで仕事を探してこなければならない。そして、仕事があってもなくても弟子は上納金を支払わなければいけない。さん八は落語協会の仲間たちと、

「上納金だってさ、かわいそうだねぇ……」

などと言い合った。この時ほど談志門下を破門されといてよかったと思ったことはなかった。

同じく十一月十四日、柳家小さん門下の小団治、柳亭小燕枝、さん喬、小袁治、小里ん、そしてさん八が主体となり、小さんの「芸歴五十周年を祝う会」を開催した。会場はホテルオークラ東京。千三百人もの来場者があった。三遊亭圓楽も出席し、小さんをベタホメ。

「小さん師匠は落語界にとってかけがえのない名人です！」

などと激賞していた。さん八はあきれ返った。前年、圓橘の結婚披露宴では、

「小さんなんかどうしようもない、小さんなんて奴は……」

と罵詈雑言を並べ立てていたのだ。

もう一つの話題は、談志が欠席したことだった。小さんは最後の挨拶で改めて談志破門を報告し

た。いないことで話題になるってところに談志の存在感がある。

小さんと談志は、おもしろい仲だった。実の親子以上に、親子のような関係だった。互いに理解し合っていた。早いうちに破門が解かれ和解する時が来ると、どちらも思っていたことだろう。さん八はある時、仕事先で出くわした二人の、こんな会話を耳にした。小さんが言う。

「そろそろ戻ってきたらどうだ」

「師匠が頭下げればいつでも戻りますよ」

「バカやろう、そんなことできねぇ」

楽しそうな、寂しそうな、そんなやりとりだった。実際は、小さんの弟子のあいだで談志の評判がひどく悪く、まわりの情勢によって二人の和解が許されないような雰囲気になっていた。さん八にとっては、小さんが師匠なのはもちろんであるが、談志も今だに心の師だと思っており、二人の和解が成らないのは無念であった。

ところで、「芸歴五十周年を祝う会」の引出物が話題になった。小さんをかたどった人形で、体は噺家の着物姿だが、顔は小さんのシンボルである狸になっている。

これは博多人形師として知られる初代西頭哲三郎に、さん八が依頼し制作されたものだったが、賛否両論あった。あえて「否」のほうだけ意見を記すと、「顔が狸で、リアルで不気味だ」というのだった。さん八はヘコんだ。

(21) 昭和天皇と小さん

昭和五十九(一九八四)年。

中曽根康弘が総理大臣に就任してから二年が経ち、この頃には安定政権を築いていた。バブル経済前夜である。

「政界模写」を売りの一つにしていたさん八は、田中角栄のあとも三木武夫、福田赳夫、大平正芳、鈴木善幸と、ひと通りの総理大臣を模写してきたが、どうも中曽根康弘はうまく特徴を捉えられなかった。それなのに長期政権の様相を呈してきて、少々焦った。

そんな時、ふと、ある酒席で(昭和)天皇のマネをやってみた。玉音放送の調子でいろいろ喋るのである。ウケた。調子に乗って宴会に出るたびにやっていたら、

「兄《あに》さん、寄席でやってみたら?」

と言われた。

思い切って寄席で演じた。あの独特の調子で、抑揚をつけて語りかける。

「堪え難きを堪え、忍び難きを忍び、もって万世のために太平を開かんと欲す……。噺家として堪え難きを堪え、忍び難きを忍び、もって人々のために精進せんと欲す。落語をとおして世界の平和に寄与できるよう、希望します」

拍手が沸いた。想像以上にウケた。が、一方で、客席で眉をひそめている人もチラッと見かけた。天皇を笑いのネタにするなんてもってのほかだ……という雰囲気である。連日演じていたら、右翼らしき人に因縁をつけられ追っかけられたこともあった。それでも懲りずに続けているうちに、某テレビ局の人から、

「うちの番組でやってくださいよ」

と声がかかった。さすがに驚いて、

「いや、無理なんじゃないですか?」

と答えると、その人物は、

「私が何とかしますから」

が、数日後、

「やっぱりダメでした」

との残念な返事。寄席で演じるのが限界で、放送局では怖くて扱えないらしい。さん八は天皇を誹謗中傷しているつもりはまったくなく、むしろ敬意と親近感を持って演じていた。それでもやはりというべきか、天皇を笑いの対象にするのはまだまだ日本のタブーなのであった。

この年の十二月、さん八は初めての海外公演に出かけることになる。行き先はインドネシア。かつて若手四天王の一人に数えられこの頃は小朝の師匠としても知られる春風亭柳朝の仕事に同

行することになったのだ。他に、亡き金原亭馬生の一番弟子で、バイク旅行で北海道の知床峠の崖から二十メートル落ちたのに生きていた不死身の男・金原亭伯楽と、柳朝の弟子・春風亭正朝がいた。この仕事は「日本航空寄席」というもので、在留邦人を客に一週間かけて各地をまわるという内容だった。

さん八は早々、トラブルに見舞われた。インドネシアの空港に着き、預けておいた鞄を二つ受け取ろうとしたのだが、一つしか出てこない。だいぶ経ってからもう一つ出てきたが、その鞄には名前を「Yanagiya」と芸名をローマ字書きにしてあった。ところが、パスポートのほうは本名だ。受け取る段になって、「清水聰吉」と「柳家さん八」が同一人物であるというのを証明しなければいけなくなってしまった。噺家には身分証明書なんてものがなく、これには困った。身振り手振りでかなりのやりとりをした後、鞄を開けてもらった。中身は仕事着である着物だけだったので、なんとか信用してもらって受け取ることができた。危うく仕事ができなくなるところであった。

スラバヤという都市を手始めに、首都ジャカルタ、それからかなり山奥の街まで行って公演した。そのような山奥にも発電所やダムを造るために日本人がいるのだ。どこの会場も、紅白の幕が張り巡らされ、めでたい雰囲気。あとで分かったことだが、それはインドネシアの紅白横縞の国旗を縦にしてつなぎ合わせたものだった。日本大使館の人たちが用意してくれたものらしかった。客のほうは落語を初めて聴くような人ばかりだったが、誰もが日本文化に飢えていて満員御礼、ウケも大変よかった。

終演後に地元の人と飲むのも楽しかった。インドネシアの人々は、さん八たちの顔を見ると寄ってきて、

「アジノモトか？」

「スズキか？」

「ホンダか？」

と日本の企業名を連発。実に親日的だった。日本は世界に受け容れられているし、落語のマーケットもまた世界にもあると知って、実り多い旅になった。


昭和六十（一九八五）年。

三月、茨城で科学万博「つくば'85」が盛大に開幕した。ハイテク万博とも呼ばれ、日本や各国の最先端技術が結集、世界に誇る国際博覧会になった。九月の閉幕までに二千万人以上が入場、八十四億円もの黒字を計上、バブル経済間近の日本のパワーが爆発した万博であった。

同じく三月、三遊亭圓楽が六億円もの私財を投じた寄席「若竹《わかたけ》」が東京の江東区東陽町に完成、興行を開始した。圓楽御殿とも呼ばれ、落語圓楽党（のちの五代目圓楽一門会）の師弟が結集、落語界に誇る圓楽一門独自の定席になった。初興行日はあいにくの雨天だったが大入満員。なお、六億円もの資金は、圓楽が都内に所有する土地を売りさばいて捻出したもので、バブル経済間近の圓楽のパワーが炸裂した寄席であった。

九月、米国ニューヨークのプラザホテルで先進五カ国(日・米・英・仏・西独)の蔵相・中央銀行総裁会議が開催された。ここでドル高修正を目指して為替市場でのドル売り協調介入に乗り出す合意がなされた。これを「プラザ合意」といい、超金融緩和・円高時代が始まるきっかけになり、日本は空前のバブル経済時代へと突入する。

といっても、落語界にはあまりバブル景気が来なかった。八〇年代に入る頃からテレビで漫才がブームになり、落語は押しやられるかたちになっていたからだ。落語の笑いは古いんじゃないかといわれるようになっていた。東京の落語より大阪の漫才。じっくり聴く落語の笑いより瞬間的な笑いの需要が強くなった。じっくり落語を聴きたいという客もいるにはいたが、そういう客は名人級や売れっ子が大会場で行なう「ホール落語」のほうへと流れてしまい、定席の寄席は寂しかった。

それでも、さん八はバブル景気のおこぼれにはありつくことができ、全国あちこちのイベントで落語・漫談・大喜利を披露するなど仕事は多く、なんとか家族を養っていったのだった。

昭和六十一(一九八六)年。

四月、ソビエト社会主義共和国連邦のウクライナ共和国にあるチェルノブイリ原子力発電所でメルトダウンが発生、原子炉が爆発した。二人が即死、消防士など二十九人が放射線被曝で亡くなり、他にも多数の急性放射線障害者を出すという史上最悪の原発事故となった。ソ連崩壊はすでに始まっていた。

五月十六日、天皇主催の春の園遊会が、東京の赤坂御苑で開催された。これに柳家小さんもお呼ばれし、大変な話題となった。マスメディアも注目するなか、天皇は小さんにご下問なさった。

「どうです、この頃の落語は？」

小さんはいつものように満面の笑みを浮かべながらもやや緊張気味に答えた。

「ええ、だいぶね、よくなりました。はい、おかげさまで」

カゼでもひいていたのであろうか。おまぬけな発言をしてしまったと自分でも思ったのだろう、小さんは威儀を正し、

「今日はお招きにあずかりまして、ありがとうございました。陛下もますますご壮健で、恐悦に存じあげます」

まるで時代劇のような挨拶をした。

ひとまず平穏なやりとりで済んだことに、テレビのニュースを見ながらさん八は安堵していた。何しろ小さんという人は、かつて天皇に叛旗を翻した謀叛人のかたわれなのである。

「弾薬受領に行け！」

時は昭和十一（一九三六）年二月二十六日。陸軍麻布三連隊に所属したばかりの小林盛夫（小さんの本名。当時二十一歳、噺家としてはまだ前座で栗之助）は上官から命令を受けた。未明の「非常起こし」で、盛夫は眠い目をこすりながら命令どおりに行動した。すると、驚くべきことに実砲を

手渡された。一連三十発、それが八連入った重機関銃用の弾薬箱だった。

——演習じゃねぇのか⁉

兵士たちが集合する。何百人いるのか分からない。小隊長が言った。

「少しばかりの負傷で後退してはならない。勇敢に戦え！」

盛夫は動揺した。「戦え」と言われても、どこの誰と戦えというのであろうか。ここは東京だし、この時、日本はどこの国とも戦争していない。小隊長に質問したかったが、とてもそんな雰囲気ではなかった。仕方なくみんなと揃って行軍を始めた。しばらく進むうちに盛夫は声をひそめて二年兵に訊いた。

「一体こりゃどこへ何しに行くんでしょうか？」

「オレもよく分からんが……」

とその二年兵はあらかじめ断わりつつ言った。

「お偉いさんの命を狙っているやつらがいるらしい。その護衛だそうだ」

なるほど……と盛夫は自分を納得させた。そうこうしているうちに警視庁に着いた。午前五時頃である。建物を取り囲む。異様な光景であったが、不思議なことに警察側は特に驚いている様子もなかった。実はこの前日、警視庁前で演習した陸軍部隊があったのだ。そのため、警察側は、

「あぁ、また来たのか」

という程度の認識らしかった。その間に、盛夫は自分の担当である重機関銃の設置と弾丸装填を

行なっていた。まさかこんな東京のド真ん中で実弾装填をするとは……と、盛夫は自分がやっていることが信じられなかった。盛夫らの作業が終わるのを待ち兼ねたように、兵を束ねる野中四郎大尉が声高く言った。

「警視庁屋上を占領！」

その声と同時に、銃剣付小銃を構えた部隊が一斉に警視庁へと突っ込んでいった。それまでのん気に眺めていた警察連中は動転し、建物の奥へと逃げ込んだ。あまりにも突然のことで警察側はなすすべもなく、警視庁は簡単に占領されてしまったのである。盛夫は、要人警護が任務かと思っていたら、何と警視庁を占拠してしまって、何が何だかわけが分からなかった。

夜が明けてくると、

「岡田啓介総理大臣が殺害された」

とか、

「高橋是清大蔵大臣も殺られた」

とか、耳を疑う情報が入ってきた。盛夫は、

「本当にお偉がたが殺られちまったんだな」

と驚きつつも、

「こんな時にこんなところにいていいんだろうか？」

と疑問に思った。何しろその時点では、まだ本当に自分たちが要人警護側だと思っていたのだ。

が、さすがの盛夫も徐々にことの次第が分かってきた。二十六日も晩になると、大雪が降り出してきた。翌二十七日、午前三時五十分には、戒厳令が公布されることになる。盛夫はついに自分が「昭和維新」を目指す決起部隊に参加していることを悟った。昭和維新の主謀者たちは、元老・重臣や独占資本的な財閥、腐敗した官僚・政党、そして軍閥までもが国民を苦しめていると断じ、天皇を惑わす要人をクーデターで実力排除し、軍部中心の新政府実現を謀ったのである。世にいう二・二六事件だ。

東京中枢制圧は驚くべき早さで進んだが、同時に青年将校らはすでに大きな失策を犯していた。天皇を崇拝していると自負していた彼らは、結局のところ独善的だった。手足となる忠臣を殺害され、天皇は激怒し、自ら武力鎮圧の意志を示すほどであった。また、青年将校らが岡田首相だと思い込んで射殺した人物は、顔がよく似た別人だった。岡田は女中部屋の押し入れに隠れており無事。秘書官らの助けで占拠中の首相官邸から、葬式の弔問客に紛れて脱出した。首相暗殺に失敗し、しかも天皇の意に沿わないとあれば、もうどうしようもない。昭和維新の新政府樹立は、敗色濃厚になってきた。「決起部隊」は「叛乱部隊」にされてしまった。

各種情報を得た野中大尉も作戦失敗を自覚したのだろう、落涙しながら、

「お前たちの命を俺にくれ」

と語り、別室に籠もってしまった。その後まもなく班長がやって来て、盛夫に言った。

「小林、元気づけのために一席演れ」

「え？」

盛夫があっけにとられていると、班長は本当に小隊長に提案していた。

「一席演らして一同を奮起させましょう！」

当然のことながら、

「バカ野郎、落語なんかやってる場合か！」

小隊長は怒鳴った。が、あまりにも班長が熱心に主張するので、前座名・栗之助こと小林盛夫は、とうとう近代日本史上最大のクーデター事件の最中、落語を演じるハメになってしまった。演目は「子ほめ」にした。只酒を飲ませてもらうため友人の赤ん坊を誉めまくるが、トンチンカンな発言ばかりしてかえって怒らせてしまうという噺である。しかし、命がかかったこんな時に、わずかな笑いでも起こるはずもなかった。

——そりゃそうだ、演ってるこっちだって全然乗ってないんだから。

盛夫はそう思い、心労をこらえつつも演じ切った。小さん、人生最悪の高座だったといえよう。

まもなく叛乱鎮圧部隊が出動し、東京で日本軍同士の市街戦が勃発するのではと人々は恐れ始めた。が、不幸中の幸い、二月二十九日、叛乱部隊は投降するに至る。野中大尉は拳銃自決した。

このように、自分が意図したわけではないとはいえ、小さんは叛乱軍の一員だったわけである。上官命令は絶対だ。もし警視庁などで抵抗を受けていたら重機関銃をぶっ放していたことだろう。場合によっては宮城《きゅうじょう》(皇居)にも侵攻していたかもしれない。

さん八は、天皇が小さんにこんな問いを発するのではないかと恐れていた。

「あの時は、本気だったの？」

もしそう訊かれたら……小さんは果たして何と答えたことだろう。ちょうど五十年を経ての天皇と小さんの対面の裏には、様々な記憶が交錯していたのだ。


さて、同じ園遊会で天皇は動力炉・核燃料開発事業団の理事長に訊いている。

「（ソ連で原発事故があって）日本でも一生懸命やってると思うんだが、どうです？」

それに対し理事長は、

「安全面にはくれぐれも気をつけて絶対起きないようがんばりたいと思います」

と答えている。が、原発事故は多発し、二十五年後には日本でもメルトダウンが起きるとは、この時本気で懸念していた人がどれだけいただろうか。なにしろ、日本はバブル景気に浮かれている時代だった。


昭和六十二（一九八七）年。

この時期、日本では売上税（二年後に消費税として成立）の導入が議論されて国民のあいだでは反対の声が広がっていた。導入となれば、落語界も木戸銭（入場料）に売上税分を上乗せせざるをえず、影響が大きい。無視できない問題だった。

三月二十二日、上野鈴本演芸場前の歩行者天国にて。落語協会と落語芸術協会の噺家たち、それから四つの定席(上野鈴本演芸場・新宿末廣亭・浅草演芸ホール・池袋演芸場)による寄席組合が一致団結し、売上税反対の雄叫びを上げた。落語界初となる噺家デモである。さん八も声を上げていた。

「文化芸術に税金をかけることには絶対反対です!」

通行人から拍手を受けた。テレビ局が取材に来ていて、ちょうどさん八が映った。若手噺家のなかにはこんなことをいう者もいた。

「税金を取られないために、落語協会を宗教法人にしようじゃありませんか! 落語協会の〈協会〉というのを、宗教のほうの〈教会〉に変えて、〈落語教会〉とする。そして、小さん協会長を小さん教祖とすれば税金がかかりません!」

噺家らしい、なんとも無責任なデモであった。

同じ頃、中学卒業したばかりの十五歳の小林九《きゅう》が祖父・柳家小さんに入門し、柳家九太郎として前座デビューした。のちの柳家花緑である。小学生の頃にすでに初高座を経験しており、祖父・小さんによるかわいがりようも並々ならず、人柄のよさも相まって実力・人気ともに驚くべき早さで駆け上がってゆくこととなる。

さん八も九太郎の成長振りには驚き、

「やっぱり違うね、血筋かねぇ」

と、仲間たちと囁き合った。

五月、この年の真打ち昇進試験が実施されたが、大荒れとなった。初代林家三平の長男である林家こぶ平（のちの九代目林家正蔵）が合格し「親の七光り」といわれる一方で、受賞歴が多くて実力を評価されていた古今亭志ん八（のちの古今亭右朝）が不合格となり、大きな疑問が呈されたのだ。

噺家の仲間内では、

「志ん八は酒グセが悪いからじゃねぇか。理事の連中、俺はカラまれたことがあるから合格にしてやらんみてぇなこと言ってんじゃないの」

などと気楽な会話がなされていた。が、席亭たちのほうはそんなのん気な態度はとらず、落語協会に詰め寄る事態にまでなった。驚いた協会側は追試を実施。一転、志ん八を合格にした。このことにより、真打ち昇進試験の意義に疑問符が付き、とうとう試験廃止に至った。そして、試験制度以前のかたちにほぼ戻り、二つ目になった年月を基準にした年功序列で、特に才能・将来性のある者については抜擢し、理事や席亭が候補を推薦して合議で真打ちを決めるという昇進制度になった。

9月、天皇が宮内庁病院に入院し手術を受けた。腸に異常があったとのことである。まだまだバブル景気は続いていたが、天皇の入院をきっかけにイベントや寄席での笑いが憚られるような雰囲気が生じた。依然としてバブル景気がふくらむ一方で、何やら昭和の行き先に暗雲が立ち籠めているような……人情の機微に熟達した噺家たちは、時代の崩壊をすでに感じ取っていたかもしれない。

(22)落語史上初の定期刊行物

昭和六十三(一九八八)年。

十一月、落語史上初の定期刊行物「落語協会誌ぞろぞろ」(季刊)が世に出た。創刊号はA4サイズで中面十六ページ、噺家たちが集まって自力で作った記念すべき雑誌だった。定価は二百円で、寄席によっては買取ってフリーペーパーとして配布したところもあった。

発起人は、当時いち早くパソコン通信に手を出していた三遊亭圓窓である。圓窓は落語界に危機感を抱いていた。寄席離れ、落語離れが確実に進んでいる。何とかしなければならない。それでパソコン通信で独自の情報発信をしていたが、パソコンはまだ一般家庭にまでは広まっておらず、それならば情報誌を作ろうと仲間に呼びかけたのだ。さん八も声をかけてもらった。かつて印刷会社に勤めていたこともあってさん八は飲み込みが早く、実質副編集長として取材や撮影などにも携わることになる。まず、誌名をどうしようという話になって、議論の結果、「ぞろぞろ」に決まった。これは、同名の落語から採ったもので、客がぞろぞろやって来る縁起のいい題目なのである。表紙をめくったところには、小さんの巨大な顔のアップを載せることにした。丸くて縁起がいいからである。小さんは「ごあいさつ」としてこう書いている。

「扇子を筆に、手拭いを原稿用紙にかえてのことゆえ、編集者一同、汗みどろの努力を続けております」

お次は柳家小満んのエッセイ、続いて春風亭小朝と四代目桂三木助の人気者対談だ。そのなかで小朝はこんなことを語っている。

「ある師匠がね、『小朝、オレはこれからどうしていいかわかんないよ』って言うわけ。『地位も名誉も金もあるし、趣味に熱中っていうのもつまらないし、これから先どうやって生きていこうかと思ってね』って」

まさに、バブル時代の苦悩といえよう。

さらにページをめくると、覆面座談会が出てくる。圓窓とさん八のほか、圓窓と並んで編集人としてクレジットされ、落語協会会長の座を虎視眈々と狙っている鈴々舎馬風（のちに会長就任実現）、玉子焼きの名人・柳亭小燕枝、脚力自慢で泥棒を追っかけて捕縛した三遊亭歌司、真打ち昇進試験を終わらせた男・古今亭右朝など計九名が参加し、落語について激論を交わした。

「落語関係の本はエセ評論家ばっかり出て来て、ただ落語家を攻るばかりで……昔は良かった、昔の誰々はこうだったたって、そいつらが昔の事知ってんのかってえば知らないんだよ、ほとんど、じゃあ今知ってるかてえば今も知らないんだから、手に負えないよ」

「まあとに角、寄席離れが激しいからね……多勢芸人がいるんだから、『こんな芸人もいますよ』と芸人のＰＲ……そんな本になればいいと思いますね」

「だけど、こういうPR誌を出す……それでお客さんが寄席に戻って来るんでしょうか」

実は「ぞろぞろ」刊行に疑問をもっている者もいて座談会はエキサイトした。話題は噺家の大切な職場である寄席の在り方にも及んだ。

「上野は人気者が見られるし、新宿、浅草は芸人がバラエティーに富んでるし、池袋はいい噺が聞かれるし、それぞれ特徴があるんですよね。それなのに客が来ないてえのはやっぱり芸人、我々の責任なんですかねえ」

「代演が多いってえのもやんなっちゃうんだよね、お客さんにしてみれば」

「でも寄席じゃあ絶対に食っていけないからね。こっちの生活もあるし……」

「寄席じゃあ人気のある噺家がほしい、人気者は代演が多い、若手は寄席に出たいけどチャンスが少ない、おまけに寄席だけじゃあ食っていけない、益々寄席からお客が遠ざかる、かなり深刻な構造ですね」

侃々諤々《かんかんがくがく》の議論が続くなかで、こんな意見も出た。

「寄席でプロダクションを作って、営業担当を置いて……外でいっぱい仕事を取るんですよ。そうすると、たまには寄席でも行ってみようかって、客がもどって来ますよ」

これは、思い返してみれば、前座時代のさん八が三遊亭円丈や小燕枝と語り合っていたことだ。

あれからちょうど二十年。落語界は紆余曲折を経て改善するどころか、もがき苦しんでいるようだった。

「ぞろぞろ」は落語ファンに好評をもって迎えられ、数々の名記事・企画を生んだ。『現代用語の基礎知識』(自由国民社)に載ったくらいである。噺家たちは本気で落語の将来を考えていたのだ。

昭和六十四(一九八九)年一月七日。昭和が終わった。

昭和天皇が崩御《ほうぎょ》したのだ。翌日から時代は「平成」に変わる。崩御を受けて落語定席は興行を自粛。二日間休演となった。

(23)時代は「平成」

平成という語感に多くの人々は当初、違和感を抱いたものだ。が、時とともにすっかりなじんでゆく。世界が激動していた。

六月、中国・北京の天安門広場で民主化を求める人々が中国人民解放軍の銃撃を受け、一説によれば二千人以上が亡くなったという。

十一月、長らく東西ドイツを隔ててきた「ベルリンの壁」が、民主化を求める人々の力によって崩壊に至った。東西ドイツは統一に向かう。

同じ十一月、三遊亭圓楽の夢と野望の結晶・寄席「若竹」が潰れた。その原因は数々ある。出演者のほとんどが経験の少ない若手で、既存の寄席で鍛えられた者が少なく、顔ぶれに変化が少ないうえ、みんな圓楽の弟子ということで演目や演じ方も似通っていた。しかも、肝心の圓楽はもっと儲かる仕事を採り、めったに登場しない。落語界に新風を求める人々の期待に応えられず崩壊に至ったのだ。ドイツとは違い、落語協会と統一することもなく、落語圓楽党から落語ベアーズ(のちの五代目圓楽一門会)と看板を掛け替えて独自の道を摸索し続けることになる。落語界の壁はかたくなだった。

平成元(一九八九)年十二月二十九日。

東証株価の終値が史上最高値、三万八九一五円八七銭を記録。日本バブル経済、ここに極まる。

平成三(一九九一)年。

バブル経済はあっけなく崩壊した。金融引き締めをきっかけに、株価や地価が暴落し、個人消費も冷え込んだのだ。こうして、「失われた二十年(三十年?)」と呼ばれるもどかしい時代に突入する。日本で経済が低迷する一方、世界ではクウェートに侵攻したイラク軍を米国中心の多国籍軍が空爆、湾岸戦争となった。イラクはあっけなく敗れた。また、ソ連に民主化が波及し、これまたあっけなく崩壊に至った。

平成五(一九九三)年。

日本が停滞し、世界では欧州連合EUの発足など激動が続くなか、落語協会でも一つの大変化があった。初めて女性の真打ちが誕生したのである。三遊亭歌る多(三遊亭圓歌の門下)と古今亭菊千代(古今亭圓菊の門下)が「女真打ち」となった。しかし、この「女真打ち」という呼び名は、苦肉の策だった。

それまでも女性の噺家はいなくはなかったのだが、たいていがすぐに辞めてしまっていた。そんななか、歌る多と菊千代は十数年続けていた。ある時、彼女たちの噺を当時の協会理事連が聴いたところ、「これなら真打ちにしてもいいんじゃないか」という話になって昇進が内定したのだ。落語界久々の華やかな話題にしようという目論見もあった。

ところが、歌る多と菊千代では入門年数に数年の開きがあって、二人を同時に昇進させるということは、その数年のあいだに入門した男性噺家たちを何人も置いてゆくという話になってしまう。

男どもからは、

「女だからって、なんで先に……」

不満が沸いて出た。そこで、小さんや志ん朝たちが男連中の不満を和らげるために編み出した呼称が、「女真打ち」だったのである。従来の男の真打ちとは一線を引き、一段落ちる扱いにしてしまったのだ。だいぶあとになって、この「女真打ちという扱いはおかしいんじゃないか」との問題提起がされ、女真打ちという言葉をなくし扱いも男女平等にすることになった。

平成六(一九九四)年。

老いてますます盛んな師匠小さんに、思わぬ仕事が舞い込んできた。宮崎駿が企画し、高畑勲が原作・脚本・監督を務めるアニメ映画『平成狸合戦ぽんぽこ』に声優として出演することになったのだ。狸の鶴亀和尚という役どころだった。他に林家こぶ平(のちの九代目林家正蔵)、三代目桂米朝と五代目桂文枝も狸役の声優を務め、志ん朝が語り（ナレーション）として全体を引き締めた。この仕事はやっぱり小さんが狸のイメージで通っていたことから連想されて依頼が来たんじゃないだろうか。それはさておき、高度成長・自然破壊に警鐘を鳴らしつつたくましく生きる狸をユーモラスに、時にペーソスも交えて描いたこの作品は大ヒットした。国民的人気を持つアニメ映画監督と名人噺家が接点をもった記念すべき作品だったといえよう。

その記念碑的重要性に気づかず、さん八は今もって『ぽんぽこ』を見ていない。

(24)天才噺家の意外な一面

平成七（一九九五）年。日本が震撼した一年であった。

一月十六日、さん八こと清水聰吉の父・潔が死んだ。大腸癌による死である。享年八十一。酒と落語と将棋が好きで、あとは真面目一筋の人生だった。入院して一週間程度で逝ってしまい、ほとんど苦しみのない楽な死に方だった。潔はいい時に、幸せな死を授かったのかもしれない。

通夜が終わり、日がかわって一月十七日。さん八は遅くまで弔問客の相手をしていたせいか、疲れているのに眠りが浅く、うつらうつらしていた。そして、午前五時五十分頃のことである。グラグラッと大きめの地震に、さん八は目を覚ました。家具が倒れるほどではなかったが、酩酊しているように揺れた。しばらくしてテレビをつけて衝撃を受けた。兵庫県神戸方面が大変なことになっている。さん八は目を疑った。のちにいう阪神大震災。ビル街が燃え盛り黒煙が立ち昇っていた。高速道路が横倒しになり完全に分断されていた。マグニチュード7・2の直下型地震で、死者・行方不明者は六千四百人を超し、この時点では前の大戦後最大の震災であった。

三月二十日には、これまた日本を揺るがす出来事が起きた。地下鉄サリン事件の勃発である。オウム真理教が神経ガスのサリンをまき、東京・霞ヶ関駅などに被害が及び、数千人が負傷、十三人が死亡した。世界的にも例のない化学兵器を使用した無差別テロ事件であり、日本は経済・治安ともに崩壊したかのような印象を世界に与えた。

殺伐とした日々が続くなか五月末、ようやく明るい話題が出てきた。なんと、師匠小さんが重要無形文化財保持者、すなわち人間国宝に認定されたのだ。噺家としては初めての栄誉である。それまで歌舞伎などと比べて落語が低く見られてきただけに、これは画期的だった。この時、小さん八十歳。さん八はニュースを見て驚くとともに、

——これはご機嫌を取るチャンスだ。

そう思って小さん邸に駆けつけた。

「師匠！」

「おう、どうした」

「おめでとうございます、テレビで見ましたよ！」

「あぁ」

「天然記念物になったそうで！」

「あぁ？　バカ野郎。俺はカモシカじゃねぇ。噺家だ」

この珍妙なやりとりをさん八が寄席で噺のマクラに使ったところ、大変ウケて、新聞や本にまで転用された。師匠の晴れの時に、そして落語史上最大といっても過言ではない慶事にひと仕事したような気がして、さん八は晴れ晴れしかった。


平成八（一九九六）年。

一月、その人間国宝小さんが倒れた。脳梗塞。さん八は、父・潔がちょうど同じ八十一歳で前年一月に亡くなったばかりだったので、

――これは師匠も……。

と覚悟した。が、そこは人間国宝。体のつくりや鍛え方が違うのか、ちょっとやそこらで朽ち果てることはなかった。リハビリで病院の廊下を毎日往復、さらには木刀で素振りまでし、短期復活を遂げた。わずか四カ月での高座復帰である。その執念に、さん八は驚くやら呆れるやら。

一方で、小さん本人よりも小さんの高弟たちが動揺し始めていた。小さん、今もってなお落語協会の会長を続けようとしている。もうかれこれ二十四年になる。さすがに、心身ともに無理があるのではないか？　潮時だ。小さんの意欲は旺盛であったが、まわりがそれとなく説得した。

そして夏。小さんは協会の寄合で、居並ぶ噺家たちを前に宣言した。

「これからは副会長の(三遊亭)圓歌さんにやってもらいます」

会長の交代が決まった。圓歌は、

「小さん師匠に言われた時は頭の中が真っ白になっちゃった」

などと語ったが、その実、待ち兼ねた会長職にようやく就任できて嬉しくてしょうがなかったようだ。表情が輝いていた。圓歌は国鉄駅員から噺家になり、爆笑路線の噺で旋風を巻き起こしてきた男である。駅長にはなれなかったが、今こうして落語協会会長になった。新会長圓歌は言った。

「小さん師匠のやり方をそのまま引き継いでやっていきます」

事実、協会はほとんど変化しなかった。なにしろ、小さんの活動意欲が尋常じゃなく、会長を退任したのに理事会に出席を続けたからである。協会の行く末が心配なのか認知症防止のためか分からないが、後ろで議事進行を見守っているのだ。これでは、新会長圓歌もヘタなマネはできない。なお、副会長には古今亭志ん朝が就任。四天王と呼ばれる志ん朝にかかる期待は大きかった。

さん八も志ん朝に期待していた。落語界のプリンスがもうすぐキングとなり、この業界を新しく作り変えてくれる……そう夢見ていたのだ。芸に優れ、人格にも秀でた志ん朝なら、必ずやってくれる。

ある酒席でさん八は志ん朝と一緒になったので、これはいい機会だと思い、落語協会の構造改革を訴えた。志ん朝からどんな鋭い意見が飛び出すか、期待で爆発しそうになりながら話を振ったの

だ。すると志ん朝は、

「八っつぁん、協会のこと詳しいんだね。事務局のことまでさぁ」

「なに言っててんですか、おれの意見はともかく、師匠はどう思います?」

「俺、分かんねぇんだよ」

志ん朝はそう言った。さん八は志ん朝にこちらの真剣さが伝わってないのかと思い、少々襟を正し、協会について抱いている疑問について意見を求めた。志ん朝はまた言った。

「そういう話、ダメなの。訊かねぇでくれよ。分かんねぇんだよ」

さん八は思わず目を丸くして、

「師匠、分かんないって……ほんとに分かんないんですか?」

「分かんねぇんだよ、俺、だいたいバカだからよ。ダメなんだ、バカだから」

志ん朝は苦い顔をして繰り返した。そんな志ん朝を見るのも聞くのも初めてだった。あまりの意外な反応に、さん八は言葉が継げなくなった。天才噺家のこの時の反応をどう捉えればいいのか、さん八は困惑した。


時は過ぎ、平成十三(二〇〇一)年。

この年、世界も落語界も巨大な衝撃に見舞われた。

九月十一日。テロリストにハイジャックされた航空機二機が、ニューヨークの世界貿易センタービルに立て続けに突っ込み、爆発炎上。アメリカの象徴、百十階建て・高さ四一七メートルのツインタワーが崩壊した。時を同じくしてアメリカ国防総省ペンタゴンにも航空機一機が突入。他にも一機が都市郊外に墜落した。いわゆる同時多発テロの勃発である。すべて合わせると約三千人が死亡したという未曽有の自爆テロ事件だった。

十月一日。あの古今亭志ん朝が急死した。享年六十三。芸に一層の磨きがかかり、落語協会の次期会長の座が確実だった志ん朝の突然の訃報は、落語ファンはもちろん噺家仲間をも悲しませた。

さん八は、あの時の酒席の件を思い返していた。志ん朝は落語を愛し、芸に厳しく、稽古を欠かさなかった。天才であり、努力の人でもあった。その落語愛は一途なものがあった。一方で、協会の運営という面には、関心がなかったのかもしれない。ひたすら芸に打ち込む人だったのだ。会長＝キングの座に就かずプリンスのままで逝った志ん朝に、さん八は芸一筋の志ん朝らしさを感じた。

世界は新たな局面を迎えようとしていた。アメリカの大統領ジョージ・W・ブッシュは対テロ戦を宣言、アフガニスタンのタリバン政権に対し、国際テロ組織アルカイダの指導者たち、特にその首謀者ウサマ・ビンラディンの身柄引き渡しを要求した。それが拒否されると、十月七日、米軍はアフガニスタンへの空爆を敢行。その時、小泉純一郎は日本の総理大臣らしからぬ素早い反応でアメリカの行動を擁護したのであった。

落語界もまた新局面を迎えていた。急逝した志ん朝の後任として、鈴々舎馬風が落語協会副会長に就任。プリンス志ん朝を失った落語協会の危機感は強く、会長圓歌と副会長馬風のコンビがついに協会改革に着手したのである。それはまず、噺家の中堅若手層のなかから新しい理事（正確には理事付役員）を抜擢することから始まった。この時、春風亭小朝、柳家さん喬らに続いて抜擢された一人がなんと、さん八だったのだ。さん八はもう五十七歳になろうとしていたが、この業界では、まぁまぁ若いといってもよかったし、香盤順（序列）で見ると確かに抜擢だった。どうやら馬風に見込まれたらしい。馬風とは「落語協会誌ぞろぞろ」の編集などで縁が深く、目をかけてくれたのである。

さて、落語協会の理事会は毎月一回、上野にある協会事務所で開かれる。三十人ほどが集まった理事会の席で、会長圓歌はおおらかに言った。

「若手には一つ、なんでも積極的に発言してもらいたい。何か意見ないかい。どんどん発言してくれ」

さっそくさん八は遠慮なく言った。

「この業界の、いい文化は残さなくちゃいけないし、悪いものは変えていく必要があると思います」

「ほう。悪いことってぇと、どんなことがあんだい？」

「例えば、寄席の出番やお給金（出演料）が何を基準にどう決められているのか、われわれ噺家にもちっとも分かりません。公開すべきです！」

それを聞いて会長圓歌は苦笑いした。

「それはちょっと公にできないいんじゃないか」

さん八は続けた。

「まぁ、それが非公開なのも、昔からの文化なのかもしれませんね」

「さん八君、文化が好きだね」

「文化なんですよ、いいことも悪いことも」

そんな煙に巻くような発言をしつつも、さん八の改革への意欲は真摯だった。議題はいくつもあった。解決しないままずるずると今まで来てしまった、例の真打ち昇進問題。それから落語協会と席亭(寄席経営者)の意思疎通の問題。芸人の思いと席亭の思いにはすれ違いがままあった。そして旧態依然として、新しい仕事らしき仕事に消極的な協会事務局。そもそも、さん八が落語協会に入った頃の所属噺家は百人程度に過ぎなかったのが、だんだん増えて今や三百人近くにもなっており、それだけ課題も増加していた。

さん八たち新しい理事付役員は理想に燃えていたが、結局、古株の意見が通ってほぼ現状維持が続くこととなる。改革は難しい。

平成十四(二〇〇二)年。この年は五月末日から一カ月にわたってサッカーのワールドカップが日本・韓国の共催で行なわれ、大変な盛り上がりを見せた。その大会開催の半月前のことだ。

五月十六日。さん八の家の電話が鳴った。仲間からの緊急連絡だった。この朝早く師匠小さんが亡くなったという。さん八は目白の小さん宅に駆けつけた。小さんは拳を頭上に突き上げるような姿勢で事切れていた。まるで、

《人間国宝、ここに逝く》

と宣言しているかのようだった。訊くと、頭上にいわゆるナースコールのような呼び鈴があって、それを押そうとした時に亡くなったらしい。が、苦しんだ様子はなく、静かな表情だった。なかなか起床してこないことに不審を抱いた娘さんが部屋に来て急死に気づいたという。享年八十七。

小さんの弟子たちは、高らかに挙げられた小さんの腕をおろす作業を始めなければならなかった。湯を沸かし、温かいタオルで小さんの体をマッサージし、死後硬直になる前に胸の上で手を組ませるのである。さん八は手伝いながら、小さんとの最後の会話を思い出していた。

「おぅ、ありがとう」

前年のお盆のことである。さん八は目白の邸宅を訪ね、仏壇に線香をあげた。小さんは、と礼を言った。それだけで終わるはずだった。ところが、翌日、電話がかかってきた。さん八が出ると、

「おぅ、俺だよ」

「はい?」

「俺だよ、小さんだよ」

さん八は飛び上がった。小さんから直に電話がかかってくるなんて、非常に稀なことだったからだ。自分は何か重大な「しくじり」でもしたのだろうか。小さんは言った。

「お前、昨日、忘れただろう」

「は、はい？」

さん八が動揺していると、小さんは続けた。

「めがねだよ」

「あっ」

いわれてみれば、線香をあげる際に仏壇の手前にめがねを置いて、そのまま忘れていた。それは百円ショップで買ったどうでもいい老眼鏡だった。

「ないと困るだろう」

「いや、百円ですから、どうでもいいです」

とは言いにくくて、さん八は、

「えぇ、そうですねぇ、ちょうど探してたところなんです」

と言った。

「そりゃよかった。すぐ取りに来い」

百円のめがねのために出かけるハメになってしまった。しかし今思えば、その後は挨拶程度のやりとりしかなくて、これが二人っ切りとしては最後の会話らしい会話になった。

ただ、亡くなる年の正月の寄席「二之席」(他の月は十日ごとに上席・中席・下席というが、一月だけは初席・二之席・下席と呼ぶ)で一緒になった。さん八は楽屋で小さんの噺を聴いていたが、驚いたことに、途中で噺を忘れてしまったらしく、言葉に詰まったり、同じ場面をまわってしまったりしていた。それが「前触れ」だったといえば、そういえるかもしれない。それに、これは少し前からだが、着物を着る時に娘さんが手伝わないと前がはだけてしまうようになっていた。それらのことがあって心配はしていたのだが、ついにその時が来たのだ。

噺家にとっては、自分の師匠が亡くなるというのは、実の親が亡くなるより大きいといっても過言ではない。衝撃だった。が、師匠小さんの死は、大往生だったといっていい。さん八のなかで様々な思いが交錯した。寂しかった。

(25)終戦六十周年と『タイガー&ドラゴン』

大名跡が亡くなると、後継者が問題になってくる。五代目小さんは人間国宝になったくらいだから、六代目が誰になるのか当然話題になった。世間では、実力随一の柳家小三治が有力視されていた。そもそも、五代目小さんも一時期は小三治を名乗っていたのである。また、小さんの孫の柳家花緑も有望だといわれていた。まだ三十代に入ったばかりとはいえ、実力と華やかさを兼ね備えている。が、内情は。小三治は、

「俺は継がない」

と早々に断言していた。もう三十年以上も小三治でやって来たから今さら……というのだ。一方、花緑は若過ぎる。そこで出てきたのが、柳家三語楼である。五代目小さんの長男で、花緑は三語楼の甥に当たる。なんだかんだで三語楼は父・小さんの名を継ぎたかったのだ。平成十六(二〇〇四)年の小さん三回忌の頃には、三語楼ははっきりとそう主張しだした。結局、長男が継ぎたいといってるんだから……と意外とあっさり「六代目小さん」は決定したのであった。ただ、おもしろいことに、その二年後の夏、新宿末廣亭で開かれた「六代目柳家小さん襲名前夜祭」の時、花緑は自己紹介する際に、

「七代目小さんです」

と笑顔で名乗って笑いを取った。冗談とはいえ、いずれは小さんになる気満々らしい。

小さん襲名が議論されていた平成十六(二〇〇四)年は、さん八にとっても大きな年になった。この頃、新聞やニュースなどでちらほらと、

「来年は太平洋戦争終戦六十周年」

という話題が出るようになっていた。なかには「人間でいえば還暦」という表現もあった。それらの報道に接しているうちに、さん八も、

――そうか還暦か。おれもいちおうは東京大空襲を生き抜き、こうして今があるわけだ。あんな

悲惨な出来事はもうあっちゃいけないが、最近でもイラク戦争で空爆が繰り返された。東京大空襲の教訓は活かせないものか。あの頃に還った気持ちで、何か後世に言い遺しておくべきことはないだろうか……。

と考え込むようになっていた。ある時、母・初江に当時のことを訊いてみた。

「夢中で逃げたよ。あんなのはもうやだねぇ」

初江はほとんど語らなかった。よほど忌まわしい記憶らしい。話を聞き出せなければ何も始まらない。ただ、さん八は亡き祖母・美禰から、かつて大空襲について何度も聞いたことがあった。自分の直接の記憶といえなくとも、かなり聞きなじんで大空襲の実態を身近に感じており、それを手繰り内容を整理することはできそうだった。

――これまで聞いてきた大空襲の話を落語にできないだろうか？

ふとそんな考えが浮かんだ。しかし、すぐに首を横に振っていた。大空襲という悲惨な出来事が落語の題材に相応しいわけがない。それでもしばらく考え込んだ。笑わせるだけが落語ではない。落語には人情噺や怪談噺だってある。そうだ、広く話芸として捉えれば、落語の語り口調で、大空襲を語り得ないだろうか。

ただ、問題はやはり、確かに空襲経験者とはいえ、さん八は当時まだ赤ん坊で、自分の実体験・記憶として語れない点だ。語り部として疑問が残るのだ。が、それをいえば、噺家はみんな自分が生きていなかった徳川時代の噺を喋っている。要はいかに語るか、語り継ぐ中身があるかだ。とすれば、今まで自分がやってきた古典落語の流れで、すでにある話をどう伝えるかに力を注げばいい。そうすれば大空襲も噺にすることができるんじゃないか。

さん八は祖母・美禰から聞いた大空襲の体験談に、師匠小さんから聞いた戦争体験も交えて、噺を構成していった。それは、さん八にとって、かつて祖母や父母、師匠が生きた道を、日本が進んで来た国難の道を、追体験する作業になった。自分を育ててくれた父母ら、その時の大いなる国難。それをなるべく今の自分たちにも引き寄せて、活きた人間の経験として大空襲を語ろう。

あくまで落語なのでマクラの部分には笑いも込め、本題でも悲惨さは抑制し、それでもなおかつリアルに状況が分かるように、また、落語らしくするためにも会話主体になるよう心がけた。三カ月ほどかけて、三十分くらいの噺に仕上げた。ある一家が東京大空襲に見舞われ、そして何を見、どう行動したかを描いたものだ。それを初めは知人友人の集会でひっそり披露した。反応は悪くなかった。

「これも落語なんですか？　こんな落語もあるんですね」

と好意的な反応だった。そう、これも落語だ。ただ、いわゆる落語ではないかもしれない。人情噺に近いが、はて何だろう……そんなふうに思いを巡らしているうちに、こんな言葉が浮かんだ。

「実録噺」

そうだ、これは事実を基にした噺だ。

こうして「実録噺・東京大空襲夜話」は生まれた。それからも表現を磨いたり会話を増やしたり、試行錯誤を繰り返し、機会があればより多くの人々に聞いてもらいたいと思うようになった。

平成十七（二〇〇五）年。

意外なところから落語ブームが沸き起こった。TBS系テレビで宮藤官九郎の脚本による連続ドラマ「タイガー&ドラゴン」が放送されたのだ。主演の長瀬智也が山崎虎児という「昼は噺家、夜はヤクザ」なんて男を演じた。そこに岡田准一が演じる元噺家の谷中竜二が絡み、古典落語の演目を織り込みながら物語が進んでゆく。虎児の師匠でありながら虎児に借金を取り立てられているベテラン噺家・林屋亭どん兵衛を西田敏行が演じ、その達者な噺っ振りには、さん八も舌を巻いた。

「タイガー&ドラゴン」は世間一般の落語への関心を大いに高め、寄席を訪れる人々が久々に増加に転じた。

こうして落語ブームが起きているのを傍目に、さん八は実録噺の推敲を重ねていた。そして、平成十八（二〇〇六）年十一月、新宿末廣亭・中席（十一日〜二十日）の昼トリ。ここで、さん八は初めて寄席で「実録噺・東京大空襲夜話」を披露した。トリでこのような異色の噺を連日演じるというのは珍しく、新聞に載ったり、タレントの永六輔にTBSラジオの番組に呼んでもらったりして、注目を浴びた。テーマがテーマだけに、ふだん落語に興味を持たない客も足を運んでくれた。

さん八は軽妙に語り始め、次第に寄席に大空襲の惨禍を再現していった。客のほうもいつもとは違って一種異様な集中力を持って聴いてくれているようだった。口演しながら、さん八は思った。

――これをライフワークにしよう。

そんなことを考えたのは、これが初めてであった。幸い、少しずつではあるが公演依頼も舞い込み、各地で演じるようになった。公演後、空襲体験者が楽屋に立ち寄り、涙ながらに感想を述べてくれることもあった。空襲というものは東京に限らず全国の都市が無差別に狙われたのだなぁと、改めてその恐ろしさ、戦争がもたらす悲惨さを教わった。平和団体に招かれての公演や、学校寄席での公演依頼もあった。さん八は語り部としての役割を自覚していった。

(26) 落語協会助成金ショック

平成二十(二〇〇八)年九月。

突如として、落語協会史上に汚点を残す一大不祥事が発覚した。落語協会は数年前から文化庁より毎年五千万円の助成金を受けていたのだが、その収支報告書等がずっと提出されておらず、使途不明金があることまでもが判明したのだ。噺家たちは動揺した。ほとんど寝耳に水だったのである。協会の理事たちは事務局から書類を見せられていた。が、肝心の事務局がその書類を提出していなかった。しかも、いつから書類の不備が始まったのか分からないという有り様。これを受け、落語協会は助成金をストップさせられるに至った(建て前としては落語協会の受取辞退)。

頭を抱える噺家たち。さん八はこの時、協会監事に就いており、頭を抱えた一人であった。なお、事務局長はかつては元噺家が務めていたが、この頃は大卒の事務専門者が務めており、その給料は平均的な噺家よりもずっと高額だ。噺家たちはそんな「エリート」である事務局を信じきり、任せっきりだった。その結果が助成金停止である。あまりにも痛過ぎた。席亭、寄席出演者ともに、収入が減ってしまったのである。落語協会は壊滅の危機にあったといってもいい。ただ、不幸中の幸いというべきか、使途不明金は帳簿の杜撰さが原因で流用・横領があったわけではなかったので、刑事事件にまではならなかった。何はともあれ、助成金がなくなり、事務局長が辞任。この時、協会長の鈴々舎馬風も引責辞任の覚悟を決めていたが、さん八たちが「せめてもう一期(二年)やってから」と押しとどめた。あえていえば協会の噺家全体の責任であり、会長だけに痛みを強いて済む問題ではなかったからだ。噺家たちの懐の痛みはそうとうだったものの、落語協会はなんとか命脈を保った。

この事件を、仮に「落語協会助成金ショック」と呼ぶ。これを受け、さん八は監事としての責務を痛感し、協会の定款を見直したり、事務局の運営を注視するようになった。が、これはあんまり大きな声でいえることではない。

「そんなことしてるヒマがあったら芸を磨け!」

と言われてしまうからだ。だから、さん八が尽力したというのはここだけの話である。

同月十五日、落語界が落語協会助成金ショックで揺れている時に、世界ではそれを遥かに上回る一大事件が巻き起こっていた。アメリカの名門投資銀行リーマン・ブラザーズが破綻したのだ。いわゆるリーマン・ショックである。かいつまむと、アメリカの住宅バブルの背景にあった高度な金融工学(ゴマカシ)が限界を迎えたのだ。何でも証券にして投機対象にしてしまうという証券化が、ついに行き詰まり、世界金融危機を招いてしまったのである。「失われた二十年」のなかでもがいていた日本も大打撃を受けた。

平成二十一(二〇〇九)年三月十日。

東証株価の終値がバブル崩壊後の最安値七〇五四円九八銭を記録。不思議なもので平成元(一九八九)年の史上最高値三万八九一五円八七銭から、ちょうど二十年経っていた。日本経済どん底低迷、ここに極まる。

この頃、落語協会は「助成金ショック」を引きずり、助成金がもらえない状態が続いていた。が、「タイガー&ドラゴン」から始まった落語ブームが続いており、全体的には堅調な状態でリーマン・ショックのほうの影響はほとんど受けないで済んでいた。まさに宮藤官九郎サマサマである。

さん八個人も、景気がいいとはいえないまでも、まずまずの状況だった。

(27) 落語と日本の未来に期待を込めて

平成二十三(二〇一一)年。この年、日本を大自然と原子力の脅威が襲った。

三月十一日、午後二時四十六分過ぎ。都内の自宅にいたさん八は突き上げるような振動に見舞われた。部屋が大きく揺れ、棚の食器が全部落下してきた。仰天しテレビをつけると、何と太平洋から東北地方三陸海岸に向かって大津波が押し寄せてくる映像が映し出されていた。大津波は住宅や人々、逃げようと走行する自動車までをも呑み込んでいった。東日本大震災。マグニチュード9・0の史上稀に見る海溝型巨大地震で、死者・行方不明者は一万八千五百人を超えた。まもなく福島県にある東京電力福島第一原子力発電所も大津波に浸り、翌日から水素爆発が相次ぎ、メルトダウンに至った。首都圏でも交通・物流が途絶え混乱が起きたが、それでも日本人は静謐を保ち、世界から称讃された。復興の道は遠く険しそうであったが日本人の意識は変わり始める。

噺家たちも座視していなかった。

——自分たちに何ができるか……。

噺家自身が問うた。世間では自粛の嵐で花見や様々なイベントが中止になり、テレビのコマーシャルも自粛で代わりにACジャパン(旧・公共広告機構)の映像ばかりが流れたりと、とにかく異様な自粛ブームである。そのなかで、あえて寄席興行を続けた。やがて、この時の会長・柳家小三治が噺家連中にあらためて意見を求めた結果、三遊亭円丈が先頭に立つかたちで、ノーギャラで義捐金を募る復興支援寄席を開くことになった。さん八も参加した。計二十回以上の復興支援寄席が開催されて結果的に、七八〇万円以上を集めて被災地に送ることができた。噺家も多少は世の役に立っているのである。

大震災の傷が癒える間も無く十一月二十一日、落語界にまたもや激震が駆け抜けた。あの立川談志が逝ったのだ。喉頭癌だった。享年七十五。ほとんど家族だけに看取られて逝き、弟子でさえ病床に寄せつけなかったという。ある弟子はさん八に、

「寂しかったです」

と語った。

さん八にとっては最初の師匠であるが、もう何年も会ってなかった。立川流は寄席に出ないので、テレビなどでその動向を見聞きするしかなかったが、晩年の談志を見ていてさん八は歯がゆかった。のどの調子が悪かったのだから仕方のない面もあるが、同業者から見ると明らかに声が出ていなくて芸が乱雑だった。演じ方にかつての洒脱さがなくなり、落語協会の噺家仲間では「どうしてあんなふうに演んのかね」と疑問が囁かれるほどであった。

が、談志には信者が多く、メディアもそれに引っ張られてか、捉え方がまったく違った。例えば、鬼気迫る熱演などと評価する。さん八は残念でならなかった。熱演はいいことなのかもしれないが、そこにはかつてさん八が憧れた粋な談志の姿はなかった。

——談志師匠の芸はあんなもんじゃない。

全盛期を間近で見ていたさん八は口惜しささえ感じるようになっていた。

——何が談志師匠をだめにしたのか？

さん八はそんなふうにまで思うようになっていた。突き詰めると、落語協会脱退にまでさかのぼ

るのではないか。あれで談志は手枷足枷がなくなり自由を手にした。が、家元を自称し、先輩も同期もなく好き放題やりたい放題で忠告する者もいない。それが徐々にではあるがよくないほうに行ってしまった気がする。これが五代目小さんであれば、まったく異なってくる。小三治や馬風などの高弟の意見を聴く。

「師匠、どうしたんですか。あれ、昔はこうやってたじゃないですか?」

「そうなんだけどよ、変えてみたんだ。だめかい?」

「前のほうがいいんじゃないですか。その後のあれはよかったと思いますけど……」

「そうかい」

師弟のあいだで高め合うやりとりがあった。きかん坊の談志には恐らく、そういう関係が師弟で築けなかったのではないか。結局は唯我独尊に陥ってしまったのだ。

が、べつに談志を批判したいわけではない。師匠五代目小さんを亡くした時と同じく、寂しさが胸中に居座っているかのように感じるのである。なにしろ談志に憧れてこの世界に飛び込んだのだ。出会えた時の喜び、破門された時の衝撃。過去のあれこれが堂々巡りをしているのだった。思えば、五代目小さんと談志の和解もならないままだった。人間国宝とやんちゃ坊主。おかしな師弟だった。さん八から見ても実にうらやましい、親子同然の間柄だった。が、それでさえ談志の落語協会脱退で生き別れに近いような状態になってしまった。人情の機微を描写しなければならないはずの噺家が、このありさまだ。まったく、お笑い種だ。お笑い種ではあるけども、談志の人間らしさや破天荒さが懐かしくもあった。喉頭癌が分かった時、談志はタバコをスパスパ吸った。ふだんほとんど吸わないくせに。そういう男だった。お茶目だった。

さん八はふと気になり始めたことがあり、ある時、談志の弟子に訊いてみた。

「ねぇ、家元制度の上納金ってのは本当に払ってたの？」

話題づくりのうまい談志のことだから、あるいは冗談だったんじゃないかとさん八は思っていたのだ。ところが、

「えぇ、ずっと払ってましたよ」

「へえ、そりゃ大変だったね。でも師匠が亡くなったんだから、いくらか戻ってくるんでしょ？」

その弟子は首を横に振った。

「いやいや。師匠とおかみさんとご家族とで全部使っちゃったんですよ。残金ゼロです」

それを聞いてさん八は大笑いした。ほんとに談志らしい。破門されておいてよかった。

よほど上納金は評判が悪かったらしく（そりゃそうだ）、平成二十四（二〇一二）年六月、廃止が発表された。また、談志のように家元を名乗る自信過剰な噺家はなく、家元制度も廃止されて立川流は合議制となった。家元談志亡き今、落語協会復帰が取り沙汰されてもよさそうなものだが、そういう話は出てこない。日本中で震災復興の「絆」が叫ばれているなか、噺家の絆はもつれたままの

ようであった。

だが、かつて四天王と呼ばれた四人、春風亭柳朝（一九九一年没）、古今亭志ん朝、五代目三遊亭圓楽（二〇〇九年没）、立川談志のすべてが亡くなった今、噺家たちの意識は変わり始めているかもしれない。


平成二十六（二〇一四）年六月、落語協会では会長が七十四歳の小三治から五十二歳の柳亭市馬へと大幅に若返った。年齢だけならともかく、芸歴も若い市馬の就任に異を唱える声もあった。しかし、小三治が見込んで指名したのだ。また、事務局の顧問に元文部官僚の寺脇研を迎えて助言を仰ぐなど、組織改革にも意欲を見せている。

七月、小三治は人間国宝に認定された。その感慨をさん八が尋ねても小三治は多くを語らない。肩書きや名誉に興味のない人なのだろう。むしろ、前座の頃から稽古をつけてもらっていた兄弟子が人間国宝になって、さん八のほうが喜んでいるくらいだ。ちなみに小三治もさん八もいい年して、スキーやゴルフをする仲間でもある。

「もう今年でスキーもゴルフも卒業だ」

と毎年のようにいいながら何年も続けている。そのうち事故って死ぬかもしれない。

さて、この年七十歳、古稀を迎えたさん八としては「実録噺・東京大空襲夜話」をライフワークにしつつ、協会改革を市馬たち若手後進に託したいと考えている。託すのは、あくまでも落語「協会」の改革だ。落語そのものは、託すまでもなく勝手に残ってゆく。なぜなら、落語はおもしろいものだからだ。べつだん新作でなくとも大丈夫だ。旧態依然といえばそうかもしれない。が、落語なんかもう古い、ダメだ、なんてことは何度もいわれてきたのに、それでもまだこうして噺家が生き残っている。名人が亡くなるたびに、落語は終わったなどといわれてきた。振り返れば、その名人たちがまだ若かった戦後すぐの頃でさえ、落語の危機が話題になっていたのだ。

振り返りついでにもっとさかのぼれば、明治の初期だって落語は危ないとすでにいわれていたのだ。「あんな着物を着て正座して喋ってる。徳川の時代じゃあるまいし」なんて。そんななかを噺家は生き残ってきたのだ。若手噺家のなかにも新作派はもちろん、古典派実力者がいる。テレビに出ている噺家だけが実力者とは限らない。むしろ、テレビでは味わい切れない本格的な話芸こそが落語であろう。そして、この話芸を伝えてゆきたいという強い動機を持つ者がいる限り、落語は残ってゆく。

同じく七月。東京都中野区の戦災関係の行事で「実録噺・東京大空襲夜話」を演ずることになった。さん八は公演前に「かけぶれ」を見詰めていた。寄席の出演日程と場所を知らせる紙片である。「五月上席・上野鈴本」と書いてある。今年のものではない。昭和四十三(一九六八)年五月、前座として初めて寄席に出た時のものだ。

さん八は、ことあるごとにこの「かけぶれ」を見詰めてきた。これを見ることで初心が蘇り、元気が沸くのだ。正直なところ、真打ちになってからでさえ、生活が厳しくなることもあった。だが、この「かけぶれ」を見て、若い頃の熱き想いを呼び覚ます。

会場では中野区長の談話が続いている。今日の客層は、おそらく落語を聴くのが初めての人たちだろう。そういう人々にも噺家の話芸を伝えたい。

出番が来た。さん八は着物のたもとに「かけぶれ」をしまうと、演壇へと上がっていった。盛大な拍手のなか、さん八は座布団に座り、一礼した。

主要参考文献

柏木新『落語の歴史　江戸・東京を舞台に』（本の泉社）
山本進『図説　落語の歴史』（河出書房新社）
『日本全史（ジャパン・クロニック）』（講談社）
柳家さん八『実録噺　東京大空襲夜話』（新日本出版社）
編著：早乙女勝元『写真版　東京大空襲の記録』（新潮文庫）
川柳川柳『天下御免の極落語　平成の爆笑王による〝ガーコン〟的自叙伝』（彩流社）
立川談志『現代落語論　笑わないで下さい』（三一新書）
編：小島貞二・遠藤佳三・鈴木重夫『落語家面白名鑑』（かんき出版）
三遊亭円丈『御乱心　落語協会分裂と、円生とその弟子たち』（主婦の友社）
金原亭伯楽『小説・落語協団騒動記』（本阿弥書店）

柳家小さん『抱腹絶倒　五代目　小さんの昔ばなし』（冬青社）
柳家小さん・川戸貞吉『五代目　柳家小さん芸談』（冬青社）
橘左近『落語　知れば知るほど』（実業之日本社）
柳家小三治『ま・く・ら』（講談社文庫）
毎日新聞
朝日新聞
産経新聞
読売新聞

参考音源

柳亭痴楽『綴り方狂室』（キングインターナショナル）
『〈ＳＰ盤復刻〉昭和こっけい落語集』（コロムビアミュージックエンタテインメント）

【著者】
柳家さん八
…やなぎや・さんぱち…

1944（昭和19）年、東京都江戸川区生まれ、同区育ち。落語家。
1966（昭和41）年 五代目柳家小さんに入門。1981（昭和56）年 真打ち昇進。2006（平成18）年より落語協会監事。著書に『実録噺　東京大空襲夜話』（新日本出版社）がある。

清水しゅーまい
…しみず・しゅーまい…

1976（昭和51）年、埼玉県生まれ、東京都江戸川区育ち。日本大学芸術学部文芸学科中退。日本酒の情報紙・地域情報紙・歴史雑誌のライター、アニメ制作会社勤務・同社破産などを経験。現在、フリーランスライター。本書の主人公・二代目柳家さん八の長男。

Sairyusha

八《は》っつぁんの落語《らくご》一代記《いちだいき》

二〇一五年一月二十日　初版第一刷

著者——柳家さん八・清水しゅーまい
発行者——竹内淳夫
発行所——株式会社 彩流社
〒102-0071
東京都千代田区富士見2-2-2
電話：03-3234-5931
ファックス：03-3234-5932
E-mail：sairyusha@sairyusha.co.jp
印刷——明和印刷（株）
製本——（株）村上製本所
装丁——中山銀士（協力＝杉山健慈）

ISBN978-4-7791-2077-0 C0076

http://www.sairyusha.co.jp